アニメ大国の神様たち

時代を築いたアニメ人インタビューズ

三沢典丈
中川右介◉監修

イースト・プレス

アニメ大国の神様たち

まえがき

アニメ大国の神様たち

三沢典丈

いったい、誰がアニメを作ったのか——。

子どものころ、テレビは親とのチャンネル争いもあり、家族で見た「サザエさん」を除けば、本放送を見ることができたアニメというと、「ど根性ガエル」「マジンガーZ」「宇宙戦艦ヤマト」「キャプテン・フューチャー」「タイムボカン」など、実は数少ない。

当時は平日の夕方がアニメの再放送枠で、「ルパン三世」「巨人の星」「元祖天才バカボン」「新オバケのQ太郎」「あしたのジョー」「エースをねらえ!」「マッハGoGoGo」「はいからさんが通る」「侍ジャイアンツ」「キャンディ・キャンディ」「機動戦士ガンダム」「Dr.スランプ アラレちゃん」など、再放送で初めて見たアニメを挙げればきりがない。

漫画の熱心な読者というわけでもなく、存在自体、まったく知らない作品も多かった。でそれらのアニメを見ることが、テレビを見る最大の理由だったし、重要な娯楽だった。では、誰がこれらのアニメを作ったのか。

当時の認識では、クレジットに「原作」として表示される漫画家が、アニメも作っていると信じていた。もちろん、全部一人で作るわけにはいかないだろうが、アシスタントが手伝っている程度だと思っていた。

やがて、スタジオジブリの宮崎駿監督作品が世代を超えて人気を集めるようになると、さほどファンでもないのに、それこそが「本物のアニメ」であって、テレビアニメはその代替品、もしくは簡易版のようにも見えた。テレビアニメの制作システムについて、詳しくは何も知らないまま新聞記者になった。

中日新聞の社会部などを経て文化部（現・文化芸能部）に配属され、囲碁・将棋や文学、美術などのメインカルチャーが主な取材対象となり、その端にかろうじて漫画があった。しかし、アニメとなると、そもそも文化部の取材対象とは考えられていなかった。誰がどうやってアニメを作っているのかについては、ほとんど何も情報がなかった。

ところが身近に、アニメへの関心の扉を開かせてくれた人がいたのである。

かつて中日新聞は、「中日マンガ大賞」という一～八コマ程度で競う漫画のコンテストを主催していた。面白い賞だったが、漫画の中心がストーリー漫画に移ったことで、二〇〇一年で終了した。その審査員の一人が、作家でアニメ脚本家の辻真先さんだった。

辻さんには既に、中日新聞および東京新聞の文化面で漫画関係の連載を何度か執筆してもらっていた。大家にもかかわらず、筆者のような若輩者《じゃくはいもの》の記者にも気軽に接してくださるお人柄もあって、アニメについて気さくにお話しいただいた。

その中で、アニメの「鉄腕アトム」でも「サイボーグ００９」でも、原作漫画に存在しないエピソードの回があることを初めて知った。毎週一話放送のアニメは、原作をどんどん使って〝食いつぶして〟しまう。そして、ついに使い果たしてしまうと、脚本家がオリジナルでシナリオを書いているというのである。また、「サザエさん」の場合、「中島君」や「花沢さん」は、原作には登場しないキャラクターだという。

これを聞いて、当初からの「誰がアニメを作ったのか」との疑問はさらに深まった。それで、突っ込んだ取材をしてみたいと思って取り組んだのが、本書の基《もと》となった「アニメ大国の肖像」（〇五年一一月-〇八年三月）の連載である。

ただ当時、新聞が取り上げる取材対象として、アニメ制作の関係者というのはかなり異質だった。始める前の企画書には、日本がアニメ大国となる過程を、制作者の貴重な証言とともに残しておきたい……と、もっともらしく書いたが、企画はなかなか通らなかった。

無理もない。その時の編集幹部となると、子ども時代に見た国産のテレビアニメは限られていたはずで、アニメ漬けで育ち、各作品に大きく影響を受けた筆者以降の世代とは感覚が違っていたのだろう。

そこで、実際の口説《くど》き文句は、「懐かしのアニメの絵柄が新聞に載っていれば、読者の目を引きますよ」などという卑近なものだった。幸運なことに、この時、中日新聞では朝刊で文化面を週五日、見開きで新設する計画が進んでおり、その広大な面を埋めるコンテンツが不足していた。そこで、まんまと週一回、一二〇〇字程度の枠をせしめることができたのである。さらにラッキーなことに、「東京新聞」（中日新聞東京本社）でも夕刊に掲載してもらえることになった。

実際に取材を始めてみると、それはそれは興味深い話ばかりだった。アニメ制作の基礎知識すら不足していた筆者に、嫌な顔もせずに懇切《こんせつ》ていねいに説明していただいたみなさんには、心からお礼を申し上げたい。同時に、紙面の都合でお聞きした話の大半は文字にならなかったことを、今さらながらお詫《わ》びしたい。

取材を続けるうちに、筆者の疑問も氷解した。アニメを実際に作ったのは、紛《まぎ》れもなく本書に登場するみなさんであった。そして、日本をアニメ大国にした業績は、有名なアニメ監督だけではなく、むしろ現場で限られた予算、人材、時間の中で、工夫を凝らして最高の表現を私たちに届けようと努力した方々にこそ、帰《き》せられるべきだと確信した。

とはいえ、足かけ四年にわたる連載の社内的な評判はというと、ほとんど無反応だった。ごく一部のアニメ好きの同僚がたまにかけてくれる励ましの声や、読者の方々からの数少ない好意的な反応を頼りに淡々と連載を続けた。どんな評価であろうと、取材している筆者本人は面白くてたまらなかったので、実のところ、まだまだ続けたかったのだが、最後は掲載すべき他のコンテンツが順番待ちをしているとのことで、泣く泣く終了することになった。

そんなわけだから、この連載を一冊の本にまとめたいという声は、社内からも、もちろん社外からも一切、出なかった。

その後、筆者は東京新聞の文化部に異動となった。あらゆる文化・芸術分野の中で、戦後日本を最も特徴づける文化的進歩が日本のアニメだという個人的な思いから、たびたびアニメ関連の話題を記事にしたが、残念ながらニュース価値は低く見られがちだった。

アニメ作品そのものや関連商品などが注目を浴びる華やかな表向きの一方で、アニメの制作現場が過酷な労働環境で支えられていることは、特に見逃せなかった。業界入りした若手アニメーターが、志半《なか》ばで業界を去るという問題が深刻化していた二〇一〇年、文化庁が歴史上初めて国費を投じてアニメ業界の支援に乗り出すという情報をキャッチして、特ダネとして原稿にまとめて出した。

しかし、何度書き直してもOKが出ず、結局、ボツにされた。その数日後、朝日新聞にまったく同じ内容を特ダネとして報じられた時には、本当に悔しい思いをした。その後、籍をおいた特別報道部でも、しばしばアニメ関係の話題を記事にしてきたが、筆者の個人的な趣味と見られていたようだ。

これは私見だが、良くも悪くも日本の商業用アニメ制作ほど、日本人の文化的特性を如《によ》実《じつ》に映すものはないと思う。スポーツに喩《たと》えれば団体戦で、限られた資源の中で、工夫を凝らす余地が多くあり、何よりも得意とする「二次創作」的であることがその理由だ。

二次創作とは、コミックマーケットの同人誌に代表されるように、人気漫画などの登場人物や設定を原典として、原作には存在しないエピソードを描いたりすることだ。アニメ制作の場合、原作があるならアニメにする時点で二次創作的だし、原作にないオリジナル脚本は二次創作そのものだろう。原作のないオリジナルアニメでも、スポンサーの意向に配慮しながら、売りたいおもちゃをアニメの中でどう登場させるかを考える点などは、実に二次創作的ではないか。

個人的には、「日本人とは何か」「日本文化とは何か」という壮大な問いに答えるには、日本のアニメを作品性の面からだけではなく、制作環境なども併《あわ》せて多角的に研究することが一番の近道であると思うのだが、言い過ぎだろうか。

さて、連載終了から一〇年以上が経った二〇一九年一一月、かつて生活部でともに仕事をした先輩の大森雅弥編集委員から、思わぬ話が飛び込んできた。アニメに関する著書も多い評論家で編集者の中川右介《ゆうすけ》さんが、私の連載に興味を示しているというのである。場合によっては書籍化も、という話で、手元にあった新聞のコピーを中川さんと、イースト・プレスの木下衛さんに送り、お会いしてお話をうかがったところ、連載を非常に高く評価していただいた。書籍化については一も二もなく、快諾させていただいた。この連載を中川さんに紹介してくれた大森さんと、的確なアドバイスをいただいた中川さん、細々とした手続きに奔走《ほんそう》してくれた木下さんには、心から感謝したい。

本書に価値があるとすれば、はなはだ不十分ながら、アニメ大国の立役者であるみなさんの生《なま》の声をそのまま伝えている点に尽きる。収録は掲載順ではなく、一定の関係性ごとにまとめられている。そのため新聞掲載時より、アニメ業界の構図がとらえやすくなっていると思う。もう鬼籍に入《い》られた方もおり、その声を再び聞くことはできないので、本書に収められた貴重な証言を、ぜひ味わってほしい。

最近は、インターネットの動画配信サービスで昔懐かしいテレビアニメを見ることができるので、本書中に登場する作品を見ることもそう難しくはない。ぜひ作品を見ながら、彼らの苦闘と努力を感じてほしい。

アニメ制作の労働環境は、今も恵まれているとは言えない状況が続いている。その中で、二〇二〇年の「鬼滅の刃」の大ヒットは、数少ない明るいニュースだ。その作品世界を楽しむ一方で、こうした素晴らしい作品の背後には、本書に登場する先人たちが築き上げてきた分厚い日本アニメの英知と技術の蓄積があることに思いを馳《は》せていただけたら、筆者としてはうれしい限りである。

アニメ大国の神様たち　目次

*本書は、中日新聞(東京新聞)にて二〇〇五年二月〜二〇〇八年三月にかけて連載された「アニメ大国の肖像」を基に、編集・再構成した本です。

*新聞掲載当時から変化のあったことなど、「(*)」書きで補足していますが、修正は最小限にとどめており、原則としてインタビュー内容は取材当時のものです。

豊田有恒×辻真先

茶の間でアトムが飛んだ

日本は今、「アニメ大国」と呼ばれる。この国で生まれた作品は人種、文化の違いを超え、世界中で人気を集めている。しかし、日本アニメが輸出産業として注目される一方で、これを固有の文化にまで高めた漫画家、脚本家、アニメーター、監督、声優らの血のにじむような努力は、あまり注目されていなかったのではないか。アニメ文化の創造者——そんな彼らの証言から、アニメ大国の実像を明らかにしたい。初めに日本最初のテレビアニメとして大人気を博した手塚治虫「鉄腕アトム」(六三年一月‐六六年一二月)の脚本家として活躍した豊田有恒、辻真先の両氏に、黎明期《れいめい》のアニメについて語ってもらう。

日本アニメのオリジナル・シナリオライターの元祖に

豊田　日本のアニメのオリジナル・シナリオライターの第一号が私で、第二号が辻さんではないでしょうか。

辻　そうでしょうね。

豊田　私たちがアニメの脚本を手掛けたのは、TBS系の「エイトマン」（六三年一一月 - 六四年一二月）から。当時、フジテレビ系で「鉄腕アトム」の放映が始まって間もないころ。平井和正さん原作の漫画「8マン」（作画は桑田次郎）が雑誌連載直後に人気を集め、これに目をつけたTBSが漫画ルームというチームを作ってアニメにしようとしていた。

辻　僕はNHKに在籍していた時に、手塚さん原作の「ふしぎな少年」をドラマ化した。その話を『SFマガジン』に投書したことが縁で、平井さんと知り合った。

豊田　平井さんに誘われてTBSに行き、ストーリーを見せると、「シナリオにして」と言う。教えてくれる通りに書いたら、すぐに作画に取りかかった。テレビは毎週一話だけど、「8マン」の雑誌連載は始まったばかり。平井さんのアイデアだけではとても足りなかったんですね。既存のライターが「漫画なんかやれるか」と怒って引き受けてくれないから、大学生だった私を養成するしかなかった。

辻 最初は旅館でこたつに入って話し合い、「それでいこう」となると、アイデアの言い出しっぺが一人残って徹夜で脚本を仕上げる。その間、演出は寝ていて、朝おもむろに絵コンテを切り出す……。

豊田 漫画ルームには、半村良さんが遊びに来てくれた。冗談で「タダ飯食っていないで、シナリオ書けよ」と言ったら、本当に半村さんが書いた。それが面白い。ある国に潜入したエイトマンを正体不明の男が助けてくれる。最後に名を聞くと「ジェームス・ボンド」と名乗って去っていく。当時、「007」は映画化される前。世界で最初にボンドを映像化したのは、「エイトマン」だった。

――同時期にフジテレビ系で始まったのは「鉄人28号」（六三年一〇月‐六五年五月）。なぜSF、ロボットで重なったのですか。

辻 アニメは子どものもので大人は関係ない、が当時のテレビ局のスタンス。ロボットなら動きがぎくしゃくしても目立たないと思ったのでしょう。まだテレビはラジオより格下に見られ、テレビ関係者もSFなんてわからない。ましてアニメなんて……。

豊田 パラダイム（時代の価値観）の転換期だったんですよね。

辻 でも、SFの関係者は上下がなくて気持ちよかった。「エイトマン」の脚本を書いた時も勉強になりました。平井さんは、「このロボットはどこの国でどれくらいの予算で作られたのか」と聞いてくる。「設定を作ってから逸脱《いつだつ》するのはいいが、何もしないとおとぎ話になる」と。最初は「えっ、予算？」と驚きました。

豊田 平井さんは当時の米ソのような国同士の対立があり……と、リアルに設定していた。だから、「エイトマン」は視聴者の年齢も高かった。

あこがれの「アトム」で受けた手塚治虫の薫陶

豊田 「鉄腕アトム」を私は放映のだいぶ前、ＳＦ同人誌『宇宙塵』でパイロット版を試写してくれた時に見ました。子どものころから読んできたアトムがテレビになって、大感激でしたね。

辻 動くんだからね、あのアトムが。

豊田 その後、無謀にも自分の原稿を手塚さんに持ち込んだり……そんな縁で「エイトマン」が一年で終わった後、アトムの脚本を書かないかと誘われました。

辻 僕は手塚さんに誘われた後、「エイトマン」とライバルだった「アトム」をやるので、平井さんに断りの手紙を書きました。後で「天下の手塚治虫に先駆けて豊田さんと辻さんにつばをつけたことを誇りに思います」とハガキがきて、うれしかったね。

豊田 本当にテレビは消耗戦でしたね。アトムは、月刊誌『少年』で一四年間続いていたとはいえ、三カ月で一話のペースだった。すると一四年でも五六話。たった一年間であの珠玉の手塚治虫原作の話は使い果たしていて、すぐに書かなければならなかった。ただ、手塚さんは、細かい部分でいろいろとおっしゃる。それを聞いて帰り、徹夜で仕上げないと間に合わない。でも、手塚さんは漫画の連載も抱えていて大変。結局〝手塚治虫待ち〟になる。

辻 よくこんがらがらなかったと思いますね。

豊田 私は、辻さんのように流れを作れない。引っかかると、違うアイデアを放り込もうとする。でも、それだと手塚漫画のユーモアやペーソスが失われる。そこが手直しされましたね。

辻 僕は、アイデアがやせていると引っかかった。でも手塚さんは「こうしなさい」とは言わない。

豊田 「ここはおかしい」とは言うけどね。

辻 脚本家を使い走りにしない配慮なんですね。いい先生だけれども、とても困った先生でもある。「夢見る機械」の巻では、「アトムも夢を見るのでは?」と告げると、手塚さんが「それは面白い」と言ったので、やってみたら「もう少し奇想天外に」と。三度直してもダメ。ついにキレて「先生の考える奇想天外ってどういうものですか」と聞いたら、目の前で三枚くらい絵コンテを書いた。それは今でも大事に持っていますよ。

豊田　私も「オチが弱い」と言われて何度か直したけど、ダメ。すると黙っていられなくなって、「これはどうだ」とアイデアが一五くらい出てきた。半分はハシにも棒にもかからないんだけど、手塚さんには「こんなことを言ったら、バカにされる」というてらいがない。先生のアイデアの一つにしたら、私の結末よりずっと良かった。

辻　アトムは人間になりたいけどなれない。夢の中だと、その潜在意識が表に出てくる。これが手塚さんの言いたいことだったのですね。

豊田　アトムが悩まなきゃダメ。「正義の味方じゃないんだから」と、よく言ってましたね。

辻　豊田さんの「イルカ文明」の巻は、視聴率四〇%を超えました。

豊田　後に庵野秀明さんの「新世紀エヴァンゲリオン」（九五年一〇月‐九六年三月）に抜かれるまで、アニメで一位の記録だったそうです。手塚先生は私を褒めてくれたけれども、ご自身の原作ではないので、周囲には複雑な心境を漏《も》らしていたようですね。

制作現場は常にパニック状態

豊田　「アトム」は、その作品性をうんぬんする以前に、アニメ化に踏み切ったことがすごい。

あれがなければ、「鉄人28号」も「エイトマン」もなかった。手塚治虫さんは、赤字は漫画の連載で埋めればいい、と思っていましたから。

辻 事実そう。一本につき五〇万円ほどで請《う》け負っていたけど、実際は一五〇万円くらいかかった。毎週、一〇〇万円ずつ持ち出しになった（＊この金額については諸説ある。また、虫プロとフジテレビは請負契約にはなかった）。

豊田 制作現場もすさまじかった。ある日、手塚さんと打ち合わせが一時間くらいかかった後、部屋から出ていくと、会社（虫プロダクション）はもうパニック。手塚さん立ち会いで、おもちゃ会社と契約する約束があったらしい。手塚さんは商売の話が好きではなく、私と話をしている方が楽しかったのでしょうが。

辻 虫プロのあれ（雰囲気）は生きるか死ぬか。そういうアニメ制作の現場は、今も変わってない。

豊田 今は現場にお金が回らず、デスクワークの人が持っていく。

辻 「エイトマン」にも出ていたベテラン声優の熊倉一雄さんが、声優のギャラがあまりに低いと、音頭を取った。この時はギャラが上がったけど、以後、熊倉さんクラスには仕事がこなくなった。僕もそう。「タイガーマスク」（六九年一〇月‐七一年九月）の時、視聴率二〇％をキープすると「当分、休んでいいよ」。ドラマだと、脚本家にそんな扱いをすると役者が代わって怒る。しかし、アニメのキャラクターは怒らない。アトムもドラえもんもオバQも、あれだけ偉くなったのに……。

豊田 その傾向は以前よりひどいですよ。書き下ろしの打ち合わせでも、編集者は定価はいくらで八〇〇〇部売れると……という話はできても、書く話の内容は全然進まない。あきれましたよ。

辻 アニメ関連の対米輸出額が鉄鋼の四倍になったというニュースがあった時も、脚本家連盟に来たのは文化庁でなく、経産省。アニメが銭になるから来る。文化だから来たのではない。

豊田 これで衰退していくんですよ。韓国に技術指導に行った虫プロの関係者から話を聞くと、「新技術を吸収する意気込みが違う」と言う。

辻 われわれは敗戦直後の雰囲気を覚えていて、このままではのたれ死にだからと、がんがんやった。あの感じが今、日本以外のアジア各国にある。「日本も頑張れ」と言いたいですね。

日本アニメは客を〝子ども扱い〟しない

――初期のアニメ脚本の特徴とは何ですか。

豊田 最後にぎゃふんと言わせたり、感心させるような話を書きたいと思っていたから、ストーリーの分量が多い。枝葉が多くて謎《なぞ》が多く、ミステリーがある。

辻 話がしっかりしてましたね。

豊田 アメリカ人に言わせると、「日本のアニメは子ども向けではない」。その理由は文芸の問題だと思う。バットマンでもスーパーマンでも、アメリカの作品のシナリオは本当に単純です。

辻 登場人物だけで結末がわかる。

豊田 日本では当時、映像技術が幼稚だったせいもあって、ストーリーを複雑にしないと視聴者をテレビの前に張り付けさせることができなかった。逆に現代は、ハリウッド映画でも映像はよくできているけど、話は実につまらない。シナリオの要素が減ってしまった。今の日本のアニメも…………。

辻 「原作読めばわかるでしょ」というのが多いですね。もちろん「鋼の錬金術師」（〇三年一〇月・〇四年一〇月）のように、原作の設定を使ってまったく別の話を構築したいい例もありますが……。それと、今はテレビで成功しようと思っておらず、後でビデオやＤＶＤにして売ることしか考えていない。「アトム」のようにゴールデンアワーを使って、金や手間をかけなくては。

――日本のアニメが海外でも人気を集める理由とは。

辻 アメリカでは「アニメは子ども向けだから」という思い込みがある。ある意味で保守的。でも、日本ではアニメのお客さんを子ども扱いしない。

豊田 音楽も充実している。谷川俊太郎作詞、高井達雄作曲の「アトム」のテーマソングはピアノの黒鍵《こっけん》がなきゃ弾《ひ》けない。アメリカ式なら「子どもが弾けるように」と、白い鍵盤だけ使う曲にしたはずです。

辻 子どもは未完成の大人ではなく、〝完成した子ども〟。学習誌の連載を受けたら、小学三年生だと一学期と二学期で「内容のレベルを変えてくれ」と注文がくる。「夏休みで子どもの知能も身体も成長しているから」と。

豊田 学習誌で人気を集め、映像化されたＳＦ作品も少なくない。筒井康隆「時をかける少女」（角川文庫）がそうです。この世代の読者は見くびったらダメ。逆に、こっちが一生懸命やれば通じますね。

辻　子どもに対する時でも、自分が面白いものをやろうという意思が大事。手塚治虫さんは最後までそうでした。一番うるさい批評家は自分自身だったのではないでしょうか。

手塚治虫のオプチミズムとペシミズム

豊田　手塚治虫さんがある日、「アトムが画板になるんですよ」と喜んで、ろくにロイヤルティー（著作権などの使用料）を取らずに契約してしまった。手塚さんは、アトムが広まることがうれしくて、もうけようとは思っていなかった。でも、今は初めからキャラクターグッズを売ろうと、アニメをおもちゃ会社が作る。手塚さんは後に、「自分がアニメをダメにした」と自戒を込めて言っていました。

辻　主産物と副産物が逆。「機動戦士ガンダム」（七九年四月‐八〇年一月）も軌道に乗るまでは、悪戦苦闘した。スポンサーの注文をいかにこちらのテーマに持ち込むか。本当は水と油。監督の富野由悠季さんはよくやりましたね。

――アトム人気を支えた一因に、画面から伝わる世界観があったのでは。

豊田　手塚さんは漸進《ぜんしん》社会主義者みたいに、空想的な未来を絶えず考えていた。本当はオプチミスト（楽天家）なんだけど、ペシミスト（厭世家《えんせいか》）な部分もある。

辻　目指すべきユートピアはあるけど、それは決して自分の現実のものにはならないと考えていた。その点はペシミスト。手塚さんの第一作アニメ「ある街角の物語」（六二年）は虚無的な描写が目立つ中、ラストの廃墟《はいきょ》にぽつんと緑が芽生えてかろうじて救われる。「いちるの望みは抱いているが……」という感じ。その望みを育てるのも、つぶすのも後の世代なんだよ、と言いたかったのだろうと思います。

——今後、アニメはどんな方向に向かうでしょうか。

豊田　「ファイナルファンタジー」のようにコンピューターグラフィックス（CG）みたいになっていくでしょう。ただ、海外のCGアニメは、キャラクターの顔はアニメのままですね。

辻　劇場アニメ「ファイナルファンタジー」（〇一年）は、金をかけた割にはつまらなかった。士郎正宗さん原作の「アップルシード」（〇四年）は、CGと従来型アニメの両方の要素が入っている。あの路線がうまくいけばいいけど、いずれにせよ、いくらきれいでも絵柄には寄りかかり切れない。映像技術の粋《すい》を集めたハリウッド大作がウケなくなったように、反動がありますよ。

——お二人のアトムに対する思い入れとは。

豊田　横綱の胸を借りていたようなもの……。

辻　アトムが動いて、自分が書いたセリフを言うのが、こそばゆい。

豊田　そう。あの「アトム」を自分が書いているんだ、とね。アトムは他人とは思えない。
辻　親戚《しんせき》の甥《おい》っ子。そのくらいには思っていましたね。

（二〇〇五年一一月一〇日、一七日、二四日、一二月一日掲載）

豊田有恒（とよた・ありつね）

一九三八年、前橋市生まれ。慶応義塾大学医学部中退、武蔵大学経済学部卒業。六一年『時間砲』で第一回空想科学小説コンテスト佳作入賞。「エイトマン」「鉄腕アトム」など、黎明期のアニメ界にシナリオライターとして参加、日本アニメのオリジナル・シナリオライター第一号となる。以後、SF翻訳家を経て、SF作家として独立。八七年、日本SF作家クラブ会長。

辻真先（つじ・まさき）

一九三二年、愛知県生まれ。名古屋大学卒業。NHK勤務後、「鉄腕アトム」「サザエさん」など、アニメや特撮の脚本家として幅広く活躍。七二年『仮題・中学殺人事件』でミステリ作家としてデビュー。八二年『アリスの国の殺人』が第三五回日本推理作家協会賞を、二〇〇九年『完全恋愛』（牧薩次名義）が第九回本格ミステリ大賞を受賞。一九年に第二三回日本ミステリー文学大賞を受賞。

月岡貞夫

〝オリジナル〟のテレビアニメ「狼少年ケン」

シナリオ前に絵コンテを描くスタイル

テレビアニメ元年の一九六三年、各局がＳＦ、ロボットもので覇を競う中、一作だけまったく異質のアニメがあった。ＮＥＴ（現・テレビ朝日系）の「狼少年ケン」（六三年一一月・六五年八月）だ。原典の漫画がない完全なオリジナル作品として、初のテレビアニメと言っていい。手掛けたのは、東映動画（現・東映アニメーション）のアニメーター月岡貞夫さん。まだ二四歳だった。

東映は、オリジナルのアニメ映画を作ることで定評があった。だから、私に白羽の矢が立った時も、「オリジナル以外だったらやりませんよ」と言ったのです。といって、何かやりたかった案があるわけでもない。当時はロボットものが全盛。だったらまったく対極のものをやりたいと、発作的に〝ジャングルもの〟で「狼少年をやりたい」と言った。イメージとしては、山川惣治さんの絵物語「少年ケニヤ」などがあったのかもしれません。

新潟県出身。小学生のころから手塚治虫さんの熱烈なファンで、自作漫画のファンレターで文通を続けていた。高三の夏、手塚さんから「手伝わないか」と誘われ、卒業後すぐに上京した。わずか半年後、絵コンテを手塚さんとそっくりに描ける能力を見込まれ、手塚さんが手掛けていた「西遊記」（六〇年）を制作中の東映動画に代役として送り込まれた。そんな月岡さんの能力を高く評価していた同社の首脳部だが、さすがに〝ジャングルもの〟という申し出には抵抗があった。

それまで私が演出したオリジナル作品は、短編「ねずみのよめいり」（六一年製作）のみ。後で知ったけど、NETからの要請で、第一作は白土三平さんの作品（後の「少年忍者風のフジ丸」）に決まっていたそうなんです。結局、短いサンプルを作り、テレビ局、スポンサー、広告代理店にも納得してもらった。テレビアニメは、アトムが視聴率四〇％を取る時代。アニメなら何でも欲しかったんでしょうね。

そう控えめに振り返るが、オオカミに育てられた少年ケンが、群れのボス、片目のジャックらと、ジャングルを舞台に活躍する作品は、アクションやギャグ、人情話が次々と展開し、今も色あせない魅力を放つ。

当初、キャラクター設定から絵コンテ、作画、演出、主題歌の作詞まで、すべて一人でやりました。原作や作詞の「大野寛夫」は私の別名です。私の場合、シナリオを書くより前に絵コンテができていた。今の宮崎駿さんのスタイルですね。私が最初だったのではないでしょうか。

絵を描く速さ〝けた外れ〟

〝天才アニメーター〟の呼び名が、月岡さんほどぴったりくる人はいない。毎週一回放映の三〇分アニメは、多人数で分業しないと制作が間に合わないはずだが、「狼少年ケン」のスタッフは当初、月岡さんをチーフとするたった一五人ほど。それを可能にしたのは、月岡さんの人間離れした能力だった。

月岡貞夫　〝オリジナル〟のテレビアニメ「狼少年ケン」

私は、絵を描くスピードがけた外れに速い。当時、劇場用アニメでアニメーターが一日に描く枚数は、平均一七枚。私は普通にやれば一〇〇枚くらいはいく。ただ、やりすぎるとみんなに悪いから、三〇~五〇枚に抑えていた。東映系の映画なら社員はタダなので、私は出勤すると裏口から抜け出して都内で映画を見ていた。夕方、戻って仕事を始めれば、みんなと同じくらいのペースを守れたんです。

社内では各セクションに出かけ、毎日、編集や撮影を手伝った。おかげで「ケン」を手掛けるころには、アニメの全工程をこなせた。そんな月岡さんの個人作品とも言える第一話の導入部は、およそジャングルものらしくない。彗星《すいせい》の接近で大津波が起こり、飢饉《ききん》がジャングルを襲うシーンから始まる。

私は田舎の出身で、野山を駆け回って育ってきた一方で、SF少年だった。子どものころから天体関係の本はよく読んでいて、アニメで描くとどうなるのかな、と思ってね。その後はジャングルの話に限定しました。オリジナルだと、子どものころ体験したり、本で読んで面白いと思ったりしたものが出てくるんですよ。

視聴率は三〇％台を維持。制作メンバーは増員され、分業体制が整えられた。だが、「ケン」が東映動画に栄光の歴史を刻《きざ》む過程は、作品の個人色が失われる過程でもあった。放映開始から間もなくして、月岡さんは会社を去り、作画だけを続けた。

フリーになったのは、税金面で社員より有利だったからです。演出や脚本をしても、会社から演出料や脚本料は出ない。でも、作画は出来高払いで、ノルマ以上に描くほど収入が増えた。会社は「月さんは作画に専念してくれ。その方がいいじゃないか」と言う。実際にそうで、私は給料の三〇倍はもらっていた。最初は脚本も「ケンの性格に合うように」などと指示していたのですが、七作目くらいからは、割り切って絵を描くだけにした。後は……自分の作ったのとは似ても似つかないキャラクターが出てきても、文句を言わなくなりましたね。

ジャパニメーションの〝制約〟を克服した多彩な技術

海外で日本のテレビアニメを指す〝ジャパニメーション〟の言葉には、かつて侮蔑《ぶべつ》の意味が込められていた。ディズニーのように、一秒間を映画と同じ二四コマで表現するのがフルアニメ。枚数を削って省力化したリミテッドアニメも、通常は八コマ。だが、毎週、三〇分番組を生み出す日本の各制作会社が採用したのは、さらに少ない四コマ。いくら何でも削りすぎだ、ということだ。フルに比べてキャラクターの動きが制限されるのを、どう克服するか。この課題への取り組みでも、月岡さんはずばぬけていた。

実家が映画館だったので、中学生になると映写の手伝いをやりました。映写室で作業しながら、ディズニー映画の面白い場面のフィルムにこよりをはさんでおくんです。巻き戻す時に見ると、面白いポーズがいろいろとある。一画面で一人の顔を三つ描いたコマがあったり……。そんな経験が後年、ずいぶん役に立ちました。

自ら考え出したさまざまな新テクニックは、「狼少年ケン」の以前、劇場用アニメで試した。だが、月岡さんが描き出した絵は、東映動画の社内でさえ誰も見たことがないものだった。

「描き直してくれ」と上司が説得に来ました。ただ、中には大塚康生さんのように、私を支持して「やってみようよ」と言う人もいた。撮影して全員で見ると、非常にスムーズに動く。「これはいい」となって、マネる人も出てきた。そんなテクニックはずいぶんあります。

三〇分のテレビアニメでは、一本を三〇〇〇枚の絵で描くのがスタンダードルール。実際は、この枚数では収められないアニメーターも少なくないが、月岡さんは違った。今、〝ジャパニメーション〟の語に敬意が込められるようになった一因に、コマ数の少なさを感じさせない多様な技術が駆使されていることがあるのは間違いない。この点で、月岡さんの功績は大きい。

少ない枚数で、いかに動いているように見せるか。そのテクニックは、私が一番たくさん持っていると思う。普通の人が三〇〇〇枚で表現する動きは、私なら一〇〇〇枚で同じ効果を出せる。欧米のテレビアニメの手伝いをした時、「五分で一〇〇〇枚使って」と注文がきた。他の人も同じ条件だけど、私は三〇〇枚で作画。試写すると、私の作品の方が他の人のより動いて見える。お金を出す方のフランス人は、作画枚数と照らし合わせて不満そうな目で見ていましたけどね。

〝ワンマン〟の中からしか熱気は生まれない

日本初のオリジナルテレビアニメ「狼少年ケン」は、月岡さんにとって何だったのか。

月岡貞夫　〝オリジナル〟のテレビアニメ「狼少年ケン」

ロボットものがブームの時に、異色の作品を出したという自負心はある。今もそう。とにかく時流に乗りたくなかった。小学生のころから吸っていたたばこは、みんなが吸い出す高校生になるとやめた。車の運転も七〇年代にやめた。大気汚染を告発する番組を手掛け、「こんな番組を作っているのに車に乗るのはおかしい」と思ったんです。

「ケン」はへそ曲がり、いや独創性の産物なのだ。月岡さんはその後、短編アニメやテレビ番組、CMで活躍し続ける。一九七〇年のポーランド・クラクフ国際短編映画祭で、「新・天地創造」がグランプリ。NHK「みんなのうた」で手掛けた「北風小僧の寒太郎」は、堺正章さんの歌とともにロングセラーとなった。だが、尽きぬ挑戦心は時に火種となる。

日本テレビのプロデューサーだった牛山純一さんと仕事をした時は勉強になった。彼はドキュメンタリー「南ベトナム海兵大隊戦記」(六五年放映)で、つなぎ目のない映像で真実性を伝えた。でも、テレビアニメのカットは当時、平均約四秒。私は一カット三〇秒という長いものに挑戦したんですが、当時のフィルム撮影はトラブルも多いから、カメラマンが泣いた。「みんなのうた」の「サラマンドラ」は、ワンカットが二分一五秒。一回失敗すると、撮り直しに三日間かかる。これも泣きが入りましたね。

その後、東京工芸大教授、日大芸術学部講師として後進を指導する（＊現在は宝塚大学特任教授）。アニメ関連の学科の人気は高い。だが、全世界で放送されるアニメの五割超を占めるとされる日本アニメの優位は、安泰ではないと見る。

今は仕事が細分化され、人事交流がなくて演出をやるチャンスも少ない。給料も出来高払いで、リーダー的な人は他の人を指導するより、自分で仕事をこなした方がもうかる。いずれも閉じこもる方向だから、アニメ技術は進歩しない。本気でアニメを学ぼうと思うと、いささかお寒い状況です。それに「ケン」の当時、現場に熱気があったのと比べると、今のアニメは管理されすぎ。熱気はワンマンの中にしかない。宮崎駿さんの作品が高い品質なのもそうです。新作企画はお金も手間もかかるため、今はテレビ局やスポンサー、広告代理店がみな納得するものばかりが残る。悪しき平等主義。その意味で、今はオリジナルを〝創りにくい〟時代なんですね。

（二〇〇五年一二月八日、一五日、二二日、二九日掲載）

月岡貞夫（つきおか・さだお）

一九三九年、新潟県生まれ。高校卒業後、手塚治虫のアシスタントを務める。手塚が東映動画で「西遊記」のプリプロダクションに参加したことをきっかけに、絵コンテ・キャラクターデザインを担当し、その後、東映動画に入社。東映動画初のテレビシリーズ「狼少年ケン」で、演出とキャラクター設計を務める。退社後は虫プロ作品に参加したほか、ＮＨＫ「みんなのうた」やコマーシャルアニメを手掛け、短編アニメ「新・天地創造」でポーランド・クラクフ国際短編映画祭グランプリを受賞。

白川大作

初の少女向け「魔法使いサリー」を企画

テレビアニメ制作を後押しした時代の機運

アニメ文化が花開く過程で、鍵《かぎ》になった出来事がある。手塚治虫が、東映動画で劇場用アニメ「西遊記」を手掛けた時のことだ（手塚は原案構成・演出・原画）。当時、白川大作さんは演出助手だった。

前からファンだった手塚さんを引っ張り込みたくて、「ぼくの孫悟空」を原作にと私が提案しました。この話に手塚さんも大乗り気。でも、手塚さんが描いたキャラクターをアニメーターに見せると、「キャラが弱い」などさんざんな評価。結局、キャラクターデザインのかなりの部分を、（手塚さんの代理として東映に在籍していた）月岡貞夫君がアニメ向けに修正した。

アニメを、世界進出をにらむ重要事業と位置づけていた東映側には、まだ個人の作家性に配慮する余裕はなかった。

私は手塚さんの意図《いと》を通したいと思ったけど、「西遊記」のラストで女主人公のリンリンが死ぬという展開は、猛反対してつぶした。あの作品はファミリー向けなので、ハッピーエンドでなければと。手塚さんは不満だったろうけど、今でもあの判断は正しかったと思う。映画は大ヒットしました。

直後、手塚は虫プロダクションを立ち上げ、自らアニメ制作に乗り出す。皮肉にも、手塚の作家性がそがれた「西遊記」が、これを後押しした。

劇場用アニメの成功は、若いアニメーターをその気にさせた。一方、テレビCMにもアニメが多用されるようになっていた。だから、手塚さんも「これならできる」という状況判断があったと思う。結果的に、（虫プロによる）「アトム」は大成功した。新興局のフジテレビが躍進し、明治製菓の商品が売れた。同業者が色めき立ち、広告代理店が動き出す。テレビアニメの制作が続々と始まってマーケットが形成され――。手塚さんという卓越した存在がいなかったらテレビアニメの文化は動き出さなかったけど、それを動かす経済的な裏付けがあったのです。

間もなく、広告代理店から「忍者ものを」と話があり、白川さん演出で「少年忍者風のフジ丸」（六四年六月 - 六五年八月）が制作された。巧みな忍術表現とテンポ良い物語展開は、新ジャンルの確かな礎《いしずえ》を築いた。だが、ここでも原作の白土三平の作家性は、そがれざるを得なかった。

主人公はスポンサーの藤沢薬品（現・アステラス製薬）の意向で、「フジ丸」となった。白土さんの絵と「フジ丸」の絵もまったく違う。最後は白土さんに降りてもらって……今でも、白土さんには不義理をしたという思いがあります。

初の〝少女向け〟アニメ「魔法使いサリー」を創出

ジャンルの多様化が進む六〇年代半ばのテレビアニメで、完全に欠けていた要素があった。〝少女向け〟だ。「フジ丸」の途中から東映動画の企画課長となった白川さんが、東映の渡邊亮徳《よしのり》テレビ部長（当時）からの電話に促され、少女漫画誌『りぼん』で「魔法使いサニー」の予告ページを見たのはそんな折だ。

渡邊さんが「これ、どうだ」と聞くので、私は直感で「これ、いける」と言いました。当時、テレビドラマ「奥さまは魔女」が当たっていて、それを採り入れたのだとすぐわかった。テレビアニメとしてまったく新しいから危険性はあるけど、可能性もあると感じました。

すぐに作者の横山光輝にアニメ化を承諾してもらった。だが、問題が持ち上がった。日産サニーが発売されたのだ。「サニー」の使用許可を得ようと日産自動車に出向くと、相手が違った。

電機メーカーのソニーが、類似商標をすべて押さえていたのです。ソニーは日産には例外的に許可したけど、「うちがキャラクター商品を作っていると思われたら困る」と取り付く島もない。仕方なく企画段階で「サリー」に変えた。この時、原作にない弟分も加えたのですが、「姉が車なら弟はバイクにするか」と、ホンダ・スーパーカブから「カブ」と名付けられました。

前代未聞の試みに、NETもすんなりとは企画を通してくれない。「少女向けアニメなんて当たるのか」と疑いの目を向ける関係者を前に、白川さんは言った。

人間は生まれた時は性別のないベイビー。それが成長して、ボーイズとガールズになる。両者は同数のはずだが、今のテレビアニメはボーイズしか相手にしていない。ならば、ガールズのマーケットも絶対に存在する……とね。放映されて大ヒット。続いて「リボンの騎士」(六七年四月‐六八年四月)など、次々に少女向けアニメが出てきました。

「魔法使いサリー」(六六年一二月‐六八年一二月)に始まる魔法少女ものの系譜は、現代にまで至る。東映動画の二作目は、〝青田買い〟した「サリー」と逆だった。

私は当時、（手塚治虫ら数多くの漫画家が暮らした）トキワ荘に出入りして、石ノ森章太郎や赤塚不二夫の部屋で漫画を読んだりしていた。その一つが「ひみつのアッコちゃん」（六九年一月-七〇年一〇月）。ただ、私がアニメ化の話を持ちかけたのは、彼が石ノ森らとスタジオ・ゼロを創って西新宿に移った後で、赤塚は「そんなのおれも忘れてたよ」と驚いてましたね。

最終的にヒット作を生み出すのは〝プロのカン〟

東映動画で白川大作さんが手掛けたアニメは「フジ丸」「サリー」の他にも、記念碑的なヒット作が並ぶ。中でも、劇場用「サイボーグ００９」（六六年）は、石ノ森章太郎との堅い絆《きずな》が実現させた企画だった。

企画課長になった後、年一本だった劇場用アニメを、従来の世界名作ものに、知名度が高い漫画を原作にした国内向けを加え、計二本にした。「００９」は最初の国内向け作品です。「西遊記」の時、手塚治虫さんの助手だった石ノ森が「東映動画に残りたい」と言うのを私が止め、「ちゃんと漫画をやれ。漫画家として売れるようになったら原作を買いに行くから」と約束した。それを果たしたのです。ただ、当時は〝サイボーグ〟なんて言葉を知る人はわずか。上からは「もっとわかりやすいタイトルに」と言われたんですが、押し通しました。

初の怪奇もの「ゲゲゲの鬼太郎」（六八年一月・六九年三月）**は、「アニメで妖怪なんてとんでもない」という業界の常識が相手だった。**

水木しげるさんの「墓場の鬼太郎」は『少年マガジン』の連載で人気を集め、アニメ化以前に主題歌が作られていた。「♪ゲ・ゲ・ゲゲゲのゲ……」という熊倉一雄さんの歌です。それを聴いてこれは面白いと、フジテレビに企画を持ち込んだ。局側の要望で、タイトルを「ゲゲの鬼太郎」として放映にこぎつけた。局としては英断だったでしょうが、主題歌も大ヒットしました。当たる作品を見抜くのは……カンしかない。不遜《ふそん》だけど、自分が面白いものが世の中の人々も面白いはず、という思いです。それが当たらなくなったら、プロとして失格。実は、やってみないとわからないんだよね。

六八年、広告代理店に移り、アニメ以外にプロ野球ジュニアオールスターなどを企画。退職後は〝はがき絵作家〟として、カルチャーセンターなどで指導に当たる。

白川大作　初の少女向け「魔法使いサリー」を企画

今、アニメだけでなく、戦隊ヒーローものなど、日本のソフトウェアが世界に認められている。かつて劇場用「わんわん忠臣蔵」（六三年）で、世界進出の妨げにならないよう、背景に一字も日本語を記さなかったころとは時代が違う。才能のある人間を経済界も血眼《ちまなこ》で探しており、アニメの可能性は広がっている。ただし、中国、韓国などとの競争は激しくなる。結局、最後は人にかかっている。かつて手塚さんが現れ、宮崎駿が登場したように。

（二〇〇六年一月一九日、二六日、二月二日掲載）

白川大作（しらかわ・だいさく）

一九三五年、香川県生まれ。慶應義塾大学経済学部を卒業し、東映に入社。動画部企画課所属になり、「白蛇伝」で進行助手として参加。「西遊記」には演出助手として参加し、後半は藪下泰司の演出代行を務める。その後、「ねずみのよめいり」「わんわん忠臣蔵」「少年忍者風のフジ丸」で脚本と演出を担当。企画部に異動し、「レインボー戦隊ロビン」「魔法使いサリー」「サイボーグ００９」などを企画。六八年に東映動画を退社し、博報堂で「装甲騎兵ボトムズ」「巨神ゴーグ」などに携わる。一五年、逝去（享年八〇）。

須藤将三

虫プロ営業担当が見た、手塚治虫のアニメへの情熱

初のテレビアニメが「アトム」でなかった可能性も

最初のテレビアニメ作品が「鉄腕アトム」（一九六三年一月放映開始）でなかったとしたら――。今では考えられないが、虫プロダクションの元営業部次長、須藤将三さんはその可能性を語る。

大下英治著の『手塚治虫 ロマン大宇宙』（講談社文庫）では、アニメーターの坂本雄作、山本暎一《えいいち》の両氏が、自主的に「アトム」のテレビアニメ化を広告代理店の萬年社（九九年に破産）

に持ちかけ、手塚治虫さんも乗り気で決まったとされているけど、実際は違う。スポンサーが明治製菓に決まる直前まで、「アトム」でいくか「0《ゼロ》マン」でいくかで迷っていたのです。

「0マン」は、五九年九月から翌年一二月まで『週刊少年サンデー』に連載されたSF長編。人間と別に、地中にリス族の人類・0マンが住んでいるという設定だ。0マンと人間が対立する中、0マンの少年リッキーは人間のために活躍する。

「アトム」がロボット社会を予見したのに対し、「0マン」ではリニアモーターカーやバイオテクノロジーが登場し、現代を先取りしていた。どちらも甲乙つけがたい。悩んだ末、最後に手塚さんの決断で「アトム」に決まった。それが大正解だったわけですが……。

「0マン」が選ばれたとして、リッキーがアトムほど愛され続けたかどうかは定かではない。だが、未来を見抜く手塚治虫の天才的センスは、やはり後世の称賛の的になったに違いない。ただ、天才は暴走もする。格安のアニメ制作費である。

手塚さんが「アトム」の制作を安く引き受けさせられたと思われていますが、これも違う。

手塚さんは「（一本につき）五〇万で売って。それ以上高くしないでください。それなら他で作れないでしょ」と言ったのです。テレビアニメを独占するつもりだったのかどうか。萬年社は「安すぎる」と、手塚さんに内緒で一五〇万円を虫プロに払っていました。

その赤字分は、漫画の原稿料で穴埋めしたとされる。当初はそうだったとしても、「アトム」は虫プロを一変させた。

実際は制作費がいくらなんて、どうでもよかった。ロイヤルティーが日銭で何百万円と入ってきたんですから。僕が撮影部で月給が七万円だったころ、上司から「給料をいくら上げてほしい」と聞かれ、冗談で「五万円くらい」と言ったらその通りになった。当時の大卒初任給として最も高い月給が、二万二〇〇〇円だった時代ですよ。

「ジャングル大帝」放映までのスポンサーとの攻防

初のカラーアニメ「ジャングル大帝」（六五年一〇月・六六年九月）の放映開始前日、須藤さんは無事に放映できるかどうか気をもんでいた。虫プロの制作陣と、スポンサーの三洋電機が、思惑の違いから激突したのである。

三洋が、本編のオープニングの前に入れるもう一つのオープニングを、独自に作っていたのです。三洋版は社名が音楽に乗って流れる中、レオが走るだけ。私は放映日も間近になって広告代理店で知り、「これはおかしい」とチーフディレクターの山本暎一さんに見せた。怒り狂いましたよ、「必死で作ったオープニングの前に、これはないだろう」と……。

冨田勲作曲の音楽が流れ、アフリカのジャングルの壮大な光景が映し出される、本編の有名なオープニング。手塚治虫の意見も同じだった。代理店に三洋版をやめるよう迫ると、放映前日、三洋の担当者が虫プロに飛んできた。

三洋は「うちが電波を買っているんだから予定通り流す」と言う。しかし、山本さんも「やめないのなら、フィルムを出さない」と譲らない。議論は徹夜で続き、三洋は「それなら中身はいらない。うちのオープニングだけ流す」と言い出した。三〇分間、何もない画面を流せと……。実は、その前に私は虫プロ常務の穴見薫さんの指示で、テレビ局に両方流すよう内緒でゴーサインを出していたのですが、議論は午後四時まで続いた。最後は穴見さんが山本さんを諭《さと》し、ようやく収まりました。

何しろ「ジャングル大帝」は、最初から海外へ売ろうと計画した初のテレビアニメでもあった。

「アトム」を米NBC放送に売った時は、完成後にアメリカの担当者にチェックしてもらいましたが、「ジャングル」は一話作った段階でアメリカ側と話し合い、動物虐待に見える部分などを修正することにした。国内向けと違い、相当に制約を受けましたね。

そのハンディを感じさせない出来は、制作陣の努力があったからだろう。一方、高度経済成長の時代、三洋側にも必死になる理由があった。

それまでアニメ番組に、いわゆるナショナルスポンサーがつくことはなかった。三洋がスポンサーとなったのは、自社のカラーテレビを売りたかったからです。実写だとカラーはきれいに出にくいけど、アニメなら計算して色が出せる。実際、三洋のカラーテレビは大ヒットしました。

虫プロダクション倒産までの経緯

一九七三年一一月一日、虫プロダクション倒産。アニメ大国の歴史にはそう刻まれている。手塚治虫が愛したアニメ。その制作会社が、設立から一二年で幕を閉じたのはなぜか。制作費の赤字を版権収入などで補うという、自ら作り出したビジネススタイルで、追随《ついずい》する他社との競争に敗れたから——。こんな型通りの説明だけでは、須藤さんは割り切れない。

経営に陰りが見え始めたのは、「アトム」から虫プロを引っ張っていた穴見薫さんが亡くなった（六六年一二月）ことと、従業員が急激に増えたことがきっかけでしょう。まとめ役がいなくなり、大卒の社員を中心に組合運動が盛んになった。それを見て内心、「アニメを作りたくてこの会社に来たんじゃないのかよ」と思いましたよ。

たまたま穴見を交《まじ》えて手塚と飲む機会があり話すと、手塚が組合運動に表向きは理解を示しながらも、嫌気を感じているのは明らかだった。七一年、手塚は虫プロの社長を辞した。この時期の手塚原作のアニメ「ふしぎなメルモ」（七一年一〇月‐七二年三月）、「海のトリトン」（七二年四月‐九月）

は、虫プロで制作されていない。

広告代理店最大手の電通を排撃したのも倒産の一因だと思う。ただ、それは穴見さんが「電通が入ると、電通に縛られて自由なモノづくりができなくなる」と心配したように、いい作品づくりのためにあえて取った方針。実際、私が入社したころ、スタッフは手塚さんと白熱の議論をし、一緒になってアニメを作っていた。でも、人が増えた後は社員を養うために、ビジネスとしてやらねばならない。手塚さんが退《しりぞ》かざるを得ない状況になってしまったのです。

須藤さんは倒産直前、虫プロへ三〇〇万円を融資してもらう条件で、別の会社に移籍した。しばらくこの業界から離れていたが、二〇〇五年、手塚の元マネジャー平田昭吾氏などが著した『日本のレオナルド・ダ・ヴィンチ 手塚治虫と6人』（ブティック社）をプロデュース。世界の名作を題材に、絵本制作にも携わる。

私は二〇年間、思いっきりアニメを楽しんだ。それと比べ、今、アニメにかかわる若い人たちは安い賃金で使われていると感じる。だけど、その原因を作ったのが手塚さんだと非難するのは許せない。手塚さんは身銭を切ってアニメを始め、私ら従業員を決して飢《う》えさせなかったのですから。

（二〇〇六年三月二日、九日、一六日掲載）

須藤将三（すどう・しょうぞう）

一九四三年、埼玉県生まれ。一九歳の浪人中、新聞広告を見て受けた虫プロダクションの入社試験に合格し、アニメーションの世界に入る。「ある街角の物語」「鉄腕アトム」の撮影を経て、企画営業部でムーミンを起用したアニメカレンダーを企画・制作したほか、各種イベントを手掛け、大阪万博のロボット館では手塚治虫のアシストをする。手塚治虫原作のテレビアニメ「バンパイヤ」「ワンサくん」をプロデュースした後、西崎義展主宰のオフィス・アカデミーに移籍。劇場版「宇宙戦艦ヤマト」の共同事業者となり、豪華本や設定本の企画・編集・制作を行う。その後、アニメ企画の設立に参加し、世界名作物語を平田昭吾が翻案した絵本シリーズで、絵の部門をプロデュース。二〇一二年から指定難病シェーグレン症候群を患い闘病中。

鈴木良武

アニメ脚本家の地位向上を

「バンクシステム」という〝兼用〟による省力化

毎週三〇分のテレビアニメ「鉄腕アトム」を可能にした制作システムで、極めて重要な手法があった。虫プロに入社した鈴木良武さんが制作現場で見たのは、省力化を計算した、したたかな思想だった。

演出助手と進行が最初の仕事でした。各話を担当する演出家を補佐するのですが、よく使ったのが〝兼用〟でした。放映済みの作品から、背景やアトムが飛ぶカットなどを新作で再使用するのです。「バンクシステム」と呼ばれていた記憶があります。テレビアニメを始めるにあたって、手塚治虫先生の頭には、「アニメを作っていけば、再使用できる背景やカットが蓄積され、新たに制作する時間を減らすことができる」という考えが根底にあったと思います。

既存のカットを流用すれば、動画枚数を減らすリミテッドアニメの手法を、より省力化できる。

手塚先生はすべてのカットを覚えていて、「あの作品のあのシーンのカットを持ってきて」と僕ら演出助手に言う。僕らは資料課に行き、「アトムが空を飛ぶ：A、B、C……」などと整理された棚から、指定されたカットを取ってくる。絵コンテに「××の作品の○○のカット兼用」と書いてあることもあった。一作品で兼用が一〇～一五カットになった時もあります。

こうした計算を含め、手塚のアニメ制作への姿勢は半端なものではなかった。

連載漫画を十数本抱えていて猛烈に忙しいのに、絵コンテ・原画も抱き込むのです。一本三〇分のコンテが上がると「一〇分ぐらい原画を」と言ってくるのですが、できないとわかっているので五分ぐらいにしてもらう。それでもできてこない。作品アップが迫ってくると僕は、「間に合いませんから、一分減らしましょう」と言って四分にしてもらい、減らした一分は各原画に振り分ける。それが三分になり、二分、一分、五〇秒……ついに「一〇秒だけお願いします」となった。

それでも原画は上がってこなかった。

僕は「一〇秒くらいだったら」と、手塚先生に断りなく、兼用で作ってしまった。そうしたら、「私は最後までいい作品を作ろうと思ってるんですよ！」とカンカンになって怒られた。それやこれやで、各原画担当から「手塚先生にはわずかな分数でも任せるな」と、これまたしかられました。でも、手塚先生から「五分間だけ」と言われたら、ダメとは言えないでしょう……。

創映社の命運を賭けた〝自主制作〟

脚本家を目指していた鈴木さんだが、虫プロではなかなかその機会に恵まれなかった。

アニメの脚本を書いたのは、タツノコプロ（当時の正式名称は「竜の子プロダクション」）の「宇宙エース」（六五年四月 - 六六年四月）の仕事をこっそり引き受けたのが最初です。虫プロの第三作となった「W3《ワンダー・スリー》」（六五年六月 - 六六年六月）の時は、演出から原案まで何でもやりましたが、なかなか脚本を書かせてもらえない。それが不満でしたね。

脚本を書きたい一心で、虫プロ時代の先輩が設立した会社に移籍。本給、歩合制で生活を支えながらさまざまな仕事をこなしていた時、出会ったのが長浜忠夫だった。

「巨人の星」（六八年三月 - 七一年九月）で初めて仕事をしましたが、ダメ出しがすごい。脚本が一発でOKになることは絶対になく、常に七、八回書き直させられた。キレそうになるのを我慢しながら書くのですが、いざOKとなると僕がどこにいても電話をかけてきて、「これでOKです。ありがとうございました」と言う。脚本を絵コンテにする時、セリフを手直しする監督は多いのですが、長浜さんはまず変えなかった。あんな監督は最初で最後。僕は尊敬しています。

アニメがテレビ画面をにぎわす一方で、虫プロが七三年に倒産。アニメ制作体制の見直しが求め

られる中、フリーの立場で新興の創映社（現・サンライズ）の仕事をしていた鈴木さんは、社の命運をかけた戦略に巻き込まれていく。

まだアニメ制作を始めたばかりで、アニメ化したい原作があっても買う資金がない。今後、どう生き残っていこうか模索していた時、どこかの下請けでなく、自主制作でやることになった。それで原作を書く必要が出てきたのです。

オリジナルアニメを作り、作中に登場するメカのおもちゃを作って売る。その思惑は日本版「サンダーバード」とも言える「ゼロテスター」（七三年一〇月‐七四年一二月）で現れ、次作で明確になる。

視聴率が上がることが、おもちゃが売れることと比例する。そのためには何をすればいいか。それが巨大ロボットもの「勇者ライディーン」（七五年四月‐七六年三月）でした。空中で鳥の形に変形するロボットがまずあって、それが活躍する話を作った。一方で僕は当時、地位が低く見られていたアニメ脚本家を売り出したいという思いもあって、この話を引き受ける条件として原作者にしてもらいました。売り上げに応じた歩合契約までは言い出せず、買い取りでしたが……。

劣位に置かれたアニメ脚本家の権利を訴え

アニメの多様な表現に対応するために、鈴木さんが構築した脚本の方法論がある。

アニメキャラクターは、オバQのような一～二等身から、人間と同じ七～八等身まで登場する。この等身が高くなるにつれてリアル度が高くなり、キャラクターを描く線も細かくなる。逆に等身が低くなると、ギャグ度が高くなって線も単純になる。リアルなキャラの場合は、その質感の表現を念頭にどういう芝居をさせるかを考え、単純なキャラはどう動けば面白いかを考える。これが商用アニメ脚本の特性だと思っています。

時には、実写以上に労力を要するアニメの脚本。しかし、テレビ業界では近年まで、アニメの脚本家は実写と比べて低く見られていた。鈴木さんはこの差別的な扱いが納得できなかった。

七〇年代、実写の放送作家には脚木のロイヤルティーが認められつつあり、番組が再放送されれば二次使用料が入ってくるようになった。でも、アニメは再放送されても脚本家には一銭も入ってこなかったのです。

度重なる再放送によって、徐々に人気が高まったアニメは数多い。鈴木さんは行動に出た。

タツノコプロに協力を求め、ロイヤルティーを認めてもらうよう日本脚本家連盟を通じ、各制作会社に訴えた。その時、自分の仕事先で権利を認めたのはタツノコだけでしたが、徐々に浸透を図り、今ではアニメ制作会社の業界団体・日本動画協会と規約を定め、それに沿って個々の契約を交《か》わすようになりました。

その姿勢はペンネーム「五武冬史《ごぶふゆのり》」にも現れている。

「一寸の虫にも五分の魂」の〝五分〟と、冬史を音読みした〝闘志〟の意味を込めた戦闘的ペンネームです。陽の当たらぬアニメ脚本家の叫びを込めました。当時、アニメはヒットすれば監督の功績、失敗すれば脚本家の責任とされたけど、僕は監督も脚本家も平等と考えていた。「戦闘メカ ザブングル」（八二年二月・八三年一月）の小説版には、ひそかにそんな思いも込めました。

鈴木さんは、脚本家の地位はある程度向上したと感じるが、現状を見ると歯がゆい。

日本放送作家協会には一五〇人ほどのアニメ脚本家が名を連ねています（＊二〇〇七年当時）が、果たして何人が監督やプロデューサーを超えた仕事をしてやろうという意欲を燃やしているのか。商用アニメだけを見て学んだつもりになってはダメ。映画や芝居をたくさん見て、ドラマツルギーを学び続けなければ――。

（二〇〇七年七月一二日、一九日、二六日掲載）

鈴木良武（すずき・よしたけ）

一九四二年、東京都生まれ。虫プロダクションに入社し、制作進行・演出助手を務めた後、「宇宙エース」で脚本家デビューすると、「W3」で演出も務める。アートフレッシュに移籍してからは脚本に専念するようになり、後にフリーに。サンライズ設立当初から同社作品を手掛け、七三年から自身原作の「ゼロテスター」がアニメ化される。七五年には同様に、自身原作の「勇者ライディーン」を脚本・シリーズ構成として手掛け、その後も「装甲騎兵ボトムズ」など多数の作品で脚本を務めた。「五武冬史」名義も。

杉井ギサブロー

映像表現としてのアニメの可能性探り

アニメという新たな映像表現の宝庫

劇場用のフルアニメーションを省力化したまがいもの。そう軽んじられがちなテレビアニメ「鉄腕アトム」に、可能性の宝庫を見いだした男がいた。アニメ監督、杉井ギサブローさんだ。

テレビアニメは、日本のアニメーションの歴史にとって革命でした。〝動き〟を省力化することで、制作費を三〇分の一にしただけではない。従来はアニメーションという技法に合わせて作品の脚本や演出が工夫されてきたけど、テレビアニメでは「この漫画をアニメ化しよう」と決まれば、作品に合わせたアニメ技法を考えられるようになりました。その結果、多彩な映像的手法を使うようになった。テレビを媒体とした新種の映像娯楽が出現したのです。

東映動画に入社したが、本社から出された企画の工場生産的な制作システムに幻滅して退社。その後、手塚治虫のもとで〝動かない〟アニメと出合った。

フルアニメーションでは自然を観察して、どうアニメーション化すればリアルに見えるのかを考える。だけどリミテッドアニメの「アトム」では、どう頑張っても自然のようには動かない。だから、動きは〝創る〟。「この場面ではこう動かしたら面白いのでは」と、思考がそっちを向く。「創られた動きとは何か」と考えるのが面白くなると、自然主義的な考え方に戻る気はなくなりましたね。

スタッフ陣は新しい表現開発にのめり込んだ。

演出スタッフは、漫画原作の「アトム」を映画的な流れにまとめようと絵コンテを描いていましたが、手塚先生はコンテチェックの段階で「お迎えでゴンス」のようなギャグを途中に入れて、流れを中断するような修正を加えた。「映画のような作品を作りたくはないのかな」と思っていましたが、「新宝島」（六五年一月放映）で手塚先生が描いたコンテがあまりに映画的なのに驚いた。先生は「アトム」をテレビアニメとして、ディズニー作品とは一味違ったスタイルの作品に作りたかったのだと思いました。

「鉄腕アトム」から始まった虫プロ制作のアニメに、子どもたちは大喝采《だいかっさい》を送った。

「アトム」の後、「ジャングル大帝」「リボンの騎士」と手塚作品のテレビアニメ化が続きましたが、どれも優良番組のようで、それを壊すような作品も作らないとスタジオイメージが固定化されてしまうと思い、僕は「悟空の大冒険」（六七年一月‐九月）というハチャメチャなギャグものを企画して提案しました。テレビ局は反対していたけど、放映されたら、子どもたちには喜んでもらえて高い視聴率を取れた。

日本の美意識追い求め、雌伏期間に

アニメーションを愛する手塚治虫に対し、杉井さんらスタッフのテレビアニメへの眼差《まなざ》しは、さらにズレていった。

手塚先生は「アトム」でも、アニメーションらしい作品にしたかったのだと思う。実際、「アトム」は手塚先生が手掛けた第三話までは、いかにもアニメーション的な演出がなされている。けど、僕らはどんどん物語のドラマの部分に寄っていき、そうして作った四話以後の映画的なハラハラドキドキがウケてしまった……。手塚先生は「ギッちゃん、申し訳ない。今はアトムを作っていてくれ。必ず（劇場用の）短編を作ってもらいますから」とよく言ってくれましたが、僕は内心「短編よりもアトムをやらせてもらいたい」と思っていました。

手塚はスタッフに自分の意向を決して押し付けなかった。

アトムの絵が全然原作と似てなくても、手塚先生は文句を言わなかった。あれほど忙しかったのにアニメでは弟子を作ろうとはせず、スタッフ個人の作家性を認めてくれた。だからこそ、僕や、りんたろう、富野由悠季など、多くの作家が巣立つことができた。

スタッフが次々と独立したのも必然だったのかもしれない。杉井さんも独立後、劇場用ミュージカルアニメ「ジャックと豆の木」（七四年）など意欲作を手掛けたが、間もなく転機が訪れた。

「平家物語」の制作を考えていた時、外国の作品なら平気で猫やネズミをキャラクターにしてみようと考えるのに、日本の作品だとその発想が出てこない。いかに自分が日本の古典文学から遠いのかを思い知り、ドキッとしたのです。古典をアニメ化するなら、日本文化としての美意識をもう一度学び直さねば……そう思って旅に出たのです。

三五歳の決断だった。岡山県の山村で畑仕事の傍《かたわ》ら、日本という島国の歴史を辿《たど》った。そして一〇年。日本文化の入り口が見え始めたころ、京都の書店で目に留《と》まったのが、あだち充《みつる》の漫画だった。

若い人の肌合いが伝わってくる面白い作品だと思っていたら、直後に大阪の広告代理店のプロデューサーから僕に、あだちさんについて相談があった。そこで「あだちさんの作品をアニメ化するなら、僕にやらせてよ」と申し出たのです。「タッチ」（八五年三月‐八七年三月）は、従来のアニメの考え方を破り、地味な色合いを使った。キャラクターの設定も、造作ではなく、達也が何を着ているか、南が部屋にどんな絵を飾っているかで表現した。それまでのアニメに欠けていた、情感を持たせようとしたのです。

わかりやすくではなく、〝感じ取る〟領域へ

一〇年に及ぶ旅は、杉井さんが日本文化を見る目を確実に変えていた。

宮澤賢治は「銀河鉄道の夜」の推敲《すいこう》を一〇年間も重ね、その過程で読者の誰もが主人公のジョバンニに心を重ねられるよう、作品を抽象化した。以前、アニメ化の話があった時は、そんな作品を映像で具象化することは作者の意図に反する、と断った。でも、旅の後、ますむらひろしさんが擬人化した猫で賢治の作品を漫画化しているのを知って、「猫ならやれるよ」と思った。キャラクターが猫なら抽象性が守れる……。

劇場アニメ「銀河鉄道の夜」（八五年）の幻想的な世界観は、わかりやすくはない。だが、画面から目が離せない。

映画をわからせようとすると、わかりにくい部分を排除してしまう。それでは捨てるものが多すぎる。映画を〝感じ取る〟領域に近づけ、情感に訴えられれば、捨てなくていいものがたくさんあるのではないか。そんなことも「銀河鉄道」を通じてやりたかったのです。

二〇〇五年、監督し、大ヒットさせた劇場アニメ「あらしのよるに」では、コンピューターをいじめた。

便利な機械を安易に使うのは良くないと、コンピューターには得意な仕事は一切させず、人間が描いた絵を柔らかくする手伝いをしてもらった。僕らの仕事は常に時代への感度を求められる。その緊張感をなくしたことはありません。

だから、杉井さんには、今のアニメ業界がいかにも危うく見える。

アニメ娯楽のあり方を考え直す時代がきている。現状のままだと、この業界の未来が気になる。手塚治虫という天才が残した日本のアニメ文化を継承していく、若い作家を育む環境を作れるかどうかですね。

○六年から、京都精華大で教壇にも立っている。

次世代を担うクリエイターを育てるのが目的です。アニメーションの三原理である速度、軌道、変形の性質を徹底的に教えている。動きの持つ言語的な性質を知ることが、アニメーションを知ること。今の学生は高度な文明を語れても、竪穴式住居の時代を語れない。学生も一度はそこまでさかのぼらなければ、次の時代を担うクリエイターにはなれない。それを彼らに教えてやりたいのです。

（二〇〇六年六月二二日、二九日、七月六日掲載）

杉井ギサブロー（すぎい・ぎさぶろー）

一九四〇年、静岡県生まれ。東映動画に入社し、「白蛇伝」「少年猿飛佐助」「西遊記」にアニメーターとして参加した後、設立直後の虫プロダクションに移籍。「鉄腕アトム」の作画や演出、「悟空の大冒険」「どろろ」の総監督などを担当。六九年、田代敦巳らとグループ・タックを結成する。「ジャックと豆の木」を監督をして以降、雌伏期間を経て、あだち充原作の「ナイン」「タッチ」で完全復帰。八五年「銀河鉄道の夜」で毎日映画コンクール大藤賞を受賞。その後も「あらしのよるに」などを監督し、一〇年、文化庁映画賞功労賞を受賞。

コラム

1 リミテッドアニメは議論の的

日本がアニメ大国になる過程で、「リミテッドアニメーション」の手法は欠かせなかった。一方で、本書の取材過程で、人によって是非がこれほど分かれるテーマはなかった。

実写映画の一秒は、フィルム二四コマで構成されている。つまり、アニメも一秒間の動作を二四枚の異なる動画で構成(フルアニメーション)すれば、実写と変わらないリアルな動作を再現できることになる。リミテッドアニメとは、このコマ数を減らしてリアルさとは別の効果を生む手法だが、日本のテレビアニメ草創期には、毎週、三〇分もの一話を放映するために、アニメーターが描く動画枚数を減らす省力化の手法としてもっぱら用いられた。

具体的には、一秒二四コマごとに、同じ動画一枚を三コマずつ撮る(三コマ撮り)ことにより、八枚で構成するのがスタンダードとなった。一秒を二コマ撮り、十二枚以上で構成するものが「フルアニメ」と呼ばれ、仮に三〇分ものの テレビアニメ一本をフルアニメで作るとなると、約五〇〇〇~一万枚もの動画が必要になる。

だが、「鉄腕アトム」をはじめとした初期のテレビアニメは、およそ三〇〇〇枚の動画で描くことを求められた。中には八コマどころか、たった四コマで構成したシーンもあったと証言した方もいた。

かつて海外で日本のテレビアニメが放映されるようになった当初、日本アニメを意味する「ジャパニメーション」という言葉には、侮蔑の意味が込められていたという。その一因とされたのが、このリミテッドアニメの手法だった。確かに、基本的にフルアニメであるディズニー作品などと見比べれば、動きがぎこちない作品が少なくない。

しかし、初見がテレビのリミテッドアニメだった筆者などの世代からすれば、ストーリー展開とあまり関係のない背景までいつもザワザワ動いているディズニーの方が違和感がある。要は、見慣れない表現手法と、時には暴力なども率直に描かれる日本アニメの独特の作品性に、海外の人々が驚いただけだったのではないか。その証拠に、現在では同じ「ジャパニメーション」という言葉は、日本アニメへの敬意を含む言葉になっているという。

とはいえ、故・手塚治虫さんが率いた旧虫プロダクションでは、納期に間に合わせるために、過去の回に登場したシーンを保存して別の回に使い回す「バンクシステム」も採用するなど、徹底的に省力化が図られた結果、動画品質がある程度、犠牲になっていた面はぬぐえなかった。

一方、日本アニメの歴史には、手塚さんが「テレビで三〇分ものを毎週、一話放映」で参入する前に、「日本のウォルト・ディズニー」を目指して一九五六年、東映動画（現・東映アニメーション）が設立され、長編のフルアニメの劇場公開作品を何本も手掛けてきた経緯もある。

必ずしも常に全作品が興行的に成功を収めたわけではなかったが、テレビのリミテッドアニメに対し、劇場用のフルアニメこそ「本来のアニメーションの姿」と考える業界人も少なくなかった。

そのため取材していると、リミテッドアニメについては評価が大きく分かれた。筆者の感触では端的に言って、東映動画出身者にはフルアニメこそ至上と考える人が多く、旧・虫プロ出身者はリミテッドアニメを表現手段の一つとして容認する傾向が強かったという印象がある。

東映動画出身の大塚康生さんは、とにかく「リアル」な動きにこだわり、本来なら動かして見せるべきシーンで、原作漫画の人気が頼りとばかりに〝静止画を豪華に見せる〟的なアニメ制作を憂《うれ》えた。同じく小田部羊一さんも、リミテッドアニメの手法そのものは認めたうえで、「鉄腕アトム」については「制作に追われて仕方なく枚数を削っている」と指摘した。

そんな「アトム」が高い視聴率を得たことで、東映動画が初めて制作したテレビアニメ「狼少年ケン」を手掛けた月岡貞夫さんは、少ない動画枚数でも動いて見せるような絵の工夫こそ大事だと訴えた。

一方、旧・虫プロで「アトム」制作に携わった人たちも、リミテッドアニメの枚数制限に手をこまねいていたわけではない。出﨑統さんは、フルアニメを「あこがれ」としたうえで、リミテッドアニメを一つの「映像言語」として、「切れの良さ」を表現できる利点を見いだしていたと述懐した。登場人物などの心情を静止画「止め絵」で印象づける独特の演出は、本来なら動きで見せるべきボクシング漫画「あしたのジョー」で人気を博した。同様の手法は、やはり動きが重要なテニス漫画「エースをねらえ！」でも採用され、本放送こそ低視聴率だったが、再放送が繰り返されるたびに人気が上がっていった。

出﨑さんは取材時、手塚さんのアニメ制作手法や自身の作品に辛辣《しんらつ》な評価をしたとして、東映動画出身の宮崎駿さんに対する憤りを隠さず、その作品を「見ない」とまで言い切っていた。

その印象が強烈だったせいか、筆者は二〇一九年五月、東京新聞特報面のコラム欄「南端日誌」で、アニメーターを題材にしたＮＨＫの朝の連続テレビ小説「なつぞら」放映時に、東映動画と旧・虫プロ出身者の双方が、お互いに相手を「よく言わなかった」と書いた。すると、当時、旧・虫プロに在籍されていた関係者の方から、そんな対立は「聞いたことがない」とご指摘をいただいた。

現場レベルでは、お互いの主張はあっても決して口に出したりはせず、リアルさを追及するフルアニメと、奇抜な演出を生んだリミテッドアニメ双方の良さの融合が図られていたのかもしれない。

鷺巣政安

利益と制作費の間で模索して

CMで赤字埋め、「鉄人28号」を制作

「鉄腕アトム」の成功で色めき立った各テレビ局が目をつけたのが、当時、唯一のCMアニメ制作会社「TCJ（後にエイケン）」だった。「アトム」の放映が始まると、TCJにはフジテレビから深夜枠の一五分アニメ「仙人部落」（六三年九月・六四年二月）、TBSから「エイトマン」の企画が相次いで持ち込まれた。だが、これら二つの企画の実現に奔走していた鷺巣政安さんの耳に、間もなく第三の企画が飛び込んできた。

「仙人部落」はCMのスタッフでこなす予定だったけど、毎週三〇分の「エイトマン」までは

とても無理。そこで美術大学などからスカウトした新規スタッフ一〇〇人ほどを公民館に集め、アニメの〝ア〟から養成した。そんななかに、電通が横山光輝さんの「鉄人28号」を、グリコをスポンサーにアニメ化したいと言ってきたのです。

当時のＴＣＪは桃屋の「のり平」、寿屋（現・サントリー）の「アンクルトリス」と、商品のヒットにつながる記念碑的なＣＭキャラクターを次々と茶の間に送り出し、業績を伸ばしていた。一方、テレビアニメは制作費はかかるがもうけは出ない。現在のように、後から作品をＤＶＤ化して版権収入を得ることなど、考えも及ばなかった時代だ。

「鉄人」のためにもう一〇〇人を集めることなど、とても無理だとお断りしたのですが、当時、電通のＣＭアニメはほぼ一〇〇％、ＴＣＪが受注しており、電通からは「ＣＭでもうけさせてやってるのに断るとは何事だ」と怒られた。結局、受けざるを得ませんでしたが、制作費はペイできず、赤字はＣＭのもうけで補填《ほてん》した。ＣＭの担当者からは、白い目で見られましたよ。

放映は「鉄人28号」が一九六三年一〇月から、「エイトマン」が一一月から始まった。ともに「アトム」と競い合って高い視聴率を稼いだ。だが、素人を集めて作っただけに、急ごしらえの印象はぬぐえなかった。

「鉄人」は横山さんが戦時中、神戸空襲で焼け出された時に見た米軍の爆撃機B29と、フランケンシュタインのイメージを合体させてできたキャラクター。漫画月刊誌『少年』で「アトム」と並んでぐんぐん人気を伸ばしていた。そのせいか、横山さんは決していい出来とは言わなかったね。その後、数度リメイクされた「鉄人」はよくできている。でも、マニアは少年の時の思い入れがあるのでしょう。口直しで、あの何十年も前の第一作「鉄人」のDVDを見るようですね。

商品化権を考え、オリジナル企画を創り出す

「エイトマン」は人気を博したが、TBSはわずか一年で放送を終了した。鷺巣さんは当時、「横綱は強いうちに引退する」と胸を張ったが、真の理由はアニメがもたらす利益のアンバランスな配分にあった。

アニメが人気になると、「アトムの絵をつけると、こんなに売れるのか」とメーカーが目覚

めた。ただ、複数のメーカーが同じキャラクターで同種の商品を作ると、交通整理できない。そこで一業種一社を原則に、独占商品化権を許可するようになった。でも、商品化によって得られるロイヤルティーは、みな原作者や漫画家に入ってしまう。だから、どんなに「エイトマン」が露出しても、TBSには付加価値がない。

「鉄人28号」の企画を持ち込んだ電通も同様だった。解決策は、著名な漫画家の作品をアニメ化するのではなく、オリジナルの企画を〝創り出す〟ことだった。

TBSは「スーパージェッター」（六五年一月‐六六年一月）で、駆け出しだった久松文雄さんに絵を描かせた。オリジナルキャラでかつ、商品化権の窓口は局にしたので、副収入が大きく入りました。電通が新人で「遊星少年パピイ」（六五年六月‐六六年五月）を始めたのも、同じ理由です（キャラクターデザインは桑田次郎のアシスタントだった楠高治）。

相次いで登場した聞き慣れない新作アニメは、それでも人気を集めた。TCJに支払われる制作費も上がり、赤字制作の状態からは脱した。ただこの時、テレビ局はさらに未来を見据えていた。

制作会社の作ったフィルムをテレビ局が買い取る契約にすれば、コンテンツはテレビ局の素材になる。実際、放映から数十年を経たアニメが今は、DVDになっている。テレビ局はそういう思惑もあって、制作費を上乗せしたんでしょう。もっとも、最初の制作費が安すぎたので、上がってもたかがしれていたのですが。

今、商品化権などを考慮しない新作アニメは考えられない。だが、著作権者がキャラクターの商品化などを最小限に抑えている「サザエさん」（六九年一〇月‐現在）は、このあり方と一線を画する。アニメ文化を担う制作者の理想とは、制作費だけでペイする作品。実は、今でもこうした思いはどの制作会社にだってある。だから、エイケンが制作観念を貫いている「サザエさん」が、今でも高視聴率を確保しているのは、素晴らしいことだと思います。

「サザエさん」が長寿アニメになれた理由

TCJが制作した、忍者ものの名作として知られる白土三平原作の「忍風カムイ外伝」（六九年四月‐九月）と、初のファミリーもので長谷川町子原作の「サザエさん」との間に、関連性を見いだすのは難しい。だが、鷺巣さんから見れば、両作品は一本の線でつながっている。

東大紛争など学生運動が華やかだった当時、白土さんの作品は左翼的な思想性もあって学生にウケていた。その折、電機メーカーの東芝は、若者にラジカセなどを売りたい思惑があった。そこで東芝がスポンサーとなって、「カムイ外伝」のアニメ化が決まったのです。

「スーパージェッター」をはじめとするオリジナル路線の後、アニメ化による利益を原作者、テレビ局などで分かち合うという考え方が定着し、再び人気漫画のアニメ化が始まっていた。「風のフジ丸」で自分の絵を変えられた苦い経験を持つ白土を、鷺巣さんは「うちは原作を逸脱しない」と説得し、「サスケ」（六八年九月‐六九年三月）をアニメ化した実績があった。

「カムイ外伝」は評判は良かったけど、原作が尽きた。後続企画を考えている時に、東芝が「ファミリーものがいい」と言い出したのです。江利チエミさんの実写で人気があった「サザエさん」が浮かび、会議で提案すると東芝も乗り気で決まった。ただ、現場は戸惑った。「サザエさん」の第一話で、カツオを追いかけるサザエさんの腕がやけに筋肉質。アニメーターはカムイの絵が抜け切ってなかったんですね。

「サザエさん」の人気の源泉は、原典の四コマを元に、脚本家が良質なドラマを生み続けていることにある。絵も原作に忠実だが、許可を得て一点だけ変えている。

目です。原作は黒い点だけど、まばたきするアニメでは白目がある。以前、玩具《がんぐ》メーカーがサザエさんのフィギュアを売り出したのですが、目が原作通りだったため、子どもには「サザエさんじゃない」と思われ、あまり売れませんでした。

鷺巣さんはエイケンを退職後、フリーコーディネーターとして東京国際アニメフェアの開催に協力するなど、アニメにかかわり続ける。

「サザエさん」を企画した当時、アニメは役者ができないSF、ロボットものやアクションものが本流で、業界では「血迷ったか」と言われた。それが今でも高い視聴率なのは、アニメに実写とは違う味わいがあるからだと思う。そう、アニメ企画にタブーはないのです。

（二〇〇六年二月九日、一六日、二三日掲載）

鷺巣政安（さぎす・まさやす）

一九三二年、東京都生まれ。二三歳でTCJに入社し、CMアニメの制作にチェッカーとして参加。国産テレビアニメのスタートともに、「エイトマン」「鉄人28号」などの制作担当の一人として活躍。その後もエイケン作品に、プランナー、コーディネーター、プロデューサーとしてかかわる。プロデュースしたちばあきお原作「キャプテン」のアニメ化は、スペシャル版として放映され好評を博し、以降、映画やテレビシリーズとなった。漫画家で「ピープロ」創始者のうしおそうじ（鷺巣富雄）は実兄、音楽家・鷺巣詩郎は甥にあたる。

雪室俊一

「サザエさん」を書き続けられた秘訣

ちばてつやと通い合ったフィーリング

後にアニメだけで二〇〇〇本を超える作品を生み出す脚本家の卵にとって、アニメとの最初の出合いは、違和感ばかりが先に立った。雪室俊一さんは振り返る。

「鉄腕アトム」の脚本を見せてもらったら、生原稿をコピーしたもの。「印刷した台本はないの」と聞くと、「刷らないんです」と言う。いかにも脚本が大事にされていない。先輩に誘われて「ジャングル大帝」の脚本を書いたけど、プロデューサーと意見が合わず、降板させてもらった。もう二度とアニメはやらないつもりでした。

子どものころから映画館に入り浸っていた。特にスクリーンに没頭できる娯楽作品が好きだった。そんな映画の脚本を書くのを夢見て、高校在学中からシナリオの勉強を始め、高校を中退して人気脚本家・松浦健郎の内弟子となった。

当時、師匠は映画のシナリオ一本が一〇〇万円。そのほかに三つの映画会社から、専属料として毎月一〇万円ずつもらっていた。僕は独立した後、テレビドラマの脚本などを書いていたけど、アニメは低く見ているところがあった。アニメだと脚本家の扱いも悪いのです。実写ドラマではテレビ局の方から原稿を取りに来てくれるのに、アニメはこちらから原稿を持ってこいと言われる……。

だが、時代はアニメを求めていた。先輩がまた依頼を持ってきた。

「ハリスの旋風《かぜ》」（六六年五月‐六七年八月）でした。僕は乗り気でなく、既に完成していた第一話だけ見て一本書いた。プロデューサーの反応も良くなく、やっぱり向いてないと思いました。ところが、しばらくして僕の脚本を使わざるを得なくなり、再び依頼が来た。そこであらためてちばてつやさんの原作を読んで、びっくりした。主役の石田国松だけでなく、アー坊やオチャラなど脇役がみな生き生きとしている。これなら何でも書ける。

名門ハリス学園で、破天荒な活躍をする国松。その姿は共感を呼び、視聴率は三〇%を突破した。雪室さんは気がつくと、全七〇話のうち三〇話を書いていた。

偶然、ちばさんと誕生日が同じで、星座占いなども同じになる。それを信じるわけではないけど、自分が考えるようなことをちばさんも考えているのです。フィーリングが似ていたんでしょう。ちばさんが僕のオリジナル脚本を読んだ時、「まるでおれが書いたみたいだ」と驚いていました。

「サザエさん」一話七分間で人生ドラマを描く

「魔法使いサリー」「ひみつのアッコちゃん」……。雪室さんが手掛けたアニメは一〇〇を数えるが、放映開始以来、メインライターとして一六〇〇本もの脚本を書いた「サザエさん」は特別だ。

月に最高で一一本、今も平均六、七本は書く。僕の場合、コンスタントに書く方が調子いい。一本の放映時間は七分弱。リズムを大事にし、見る人が「もう終わっちゃったの」と思ってくれるのが理想です。そのために、構成をきっちり作ってから書き始めます。

たった七分、されど七分。二〇〇五年一二月に放映された「父さんが泣いた日」では、娘の嫁入りで泣く父親を見かけたカツオは、自分の前で一度も泣いたことがない波平が、サザエの結婚式では泣いたに違いないと思い立つ。「泣いてない」と言い張る波平に、カツオは小遣いをかけてその証拠を探す。果たしてカツオはノリスケの家で、結婚式で涙を流す波平の写真を発見する。得意げに波平に写真を見せるカツオ。だが、それは波平の双子の兄・海平だった――。

毎回ライターには、六八巻の原作から四コマが三〜五本渡されますが、僕は一本しか使わない。楽をしたくないからです。若手には、原作数本とオリジナルをつなげても、面白いのは原作の部分だけだよ、と言ってます。つなげるのは編集者の仕事であって、クリエイターの仕事ではない。

賭けに負け、波平との約束を守って朝の学習を続けるカツオに、フネが「実は父さんが泣いたことがあるんだよ」と打ち明ける。波平はサザエが生まれた後、ずっと男の子を欲しがっていた。だから、カツオが生まれた時に大喜びして、涙を流した、と……。

この話では「思わず泣いちゃった」と投書をもらいました。単なるホームドラマは他のライターに任せて、ちょっとはみ出した部分をやりたい。温厚なマスオが、カツオをしかったりとか。他のライターと作品が似ない点では自信がありますね。

イクラの命名者であり、中島君、花沢さん、三郎さんという重要なキャラクターを生んだ。

いずれは磯野家だけでは話がもたなくなると予想して作りました。ただ、もう新キャラを出す気はない。七人の家族で話は作れるし、足りない部分も脇役で何とかできる。「サザエさん」は〝いつも同じでいつも違う〟。同じ料理でも、盛りつけが変わっているのです。

ストーリーではなく、心に残る〝ハート〟を

アニメ関係者が雪室さんに向ける信頼は厚い。ほぼ一人で脚本を任された作品は、「がんばれ元

気」（八〇年七月・八一年四月／三五本すべて）、「キテレツ大百科」（八八年三月・九六年六月／三三一本中、二八二本）、「あずきちゃん」（九五年四月・九八年三月／一一七本中、一一六本）など多数。半面、実にやっかいな脚本家でもある。

演出側から脚本の手直しを求められても、僕は基本的に直しません。「あいつは直さないから使わない」というプロデューサーもいる。直しを嫌うのは、作品のリズムや個性が、そがれてしまうことが多いからです。アニメが面白いかどうかの八割は脚本で決まる。僕はそう信じています。

いろんな人が口を出すと、確かにろくなことがない。「男どアホウ！甲子園」（七〇年九月・七一年三月）では第一話の放映後、テレビ局の重役から「作中の関西弁が汚い」と、次回から標準語にするよう求められた。

そんなバカな話はないとはねつけたら、降ろされた。標準語版を放送したら視聴者から猛抗議があって、すぐに関西弁に戻ったのですが……。こんな不合理なことは今は起こらないけど、制作がプロデューサー一人に任されることもなくなり、テレビ局や広告代理店などが口出しするようになった。そんなさまざまな意見を採り入れるせいか、若い脚本家の作品は秀才の作文になっている。まるで整った工業製品。アニメの脚本はゆがんでいてもいいのに。

最近「アニメがつまらない」とよく聞く。

大量生産ではなく、手工業の時代に還《かえ》れ、と言いたい。大人数の会議からはヒット作は出ない。みんなが好きなものなんて、無味無臭の空気みたいなもの。誰にでも似合う服など、誰も着ないのだから。匂《にお》いがしない作品はダメです。

著書『テクマクマヤコン ぼくのアニメ青春録』（バジリコ）を読むと、雪室さんが膨大な作品を生み続けられる理由が見えてくる。

僕のアイデアを入れる引き出しは、いつも空っぽ。そのつど考える。でも、経験がある。何十年も前のことを思い出して、作品に使うことはよくある。うれしいのは、アニメを見て脚本家の名前は知らなくても、内容を覚えていてくれること。そう、僕が書いているのはストーリーではなく、心に残る〝ハート〟なのです。

（二〇〇六年八月三日、一〇日、一七日掲載）

雪室俊一（ゆきむろ・しゅんいち）

一九四一年、神奈川県生まれ。定時制高校に在学中、シナリオコンクールで佳作入選したことから松浦健郎の目に留まり、松浦に師事した後に独立。六五年の実写映画「あいつとの冒険」で脚本家デビューを飾る。「ジャングル大帝」でアニメ業界にも入り、「魔法使いサリー」ではメインライターとして一〇九話中、二五本を執筆。「サザエさん」にも放送当初から参加し、業界最古参脚本家の一人として数えられる。他の脚本作品に「キテレツ大百科」「あずきちゃん」など多数。

おおすみ正秋

舞台で培った演出術をアニメでも

初めて日常生活を描いた「オバケのQ太郎」登場

自分の劇団を維持し、芝居を続けるための資金に困っていた演出家、おおすみ正秋さんにとって、劇団出身で旧知の藤岡豊が率いるアニメ制作会社「東京ムービー」（現・トムス・エンタテインメント）からの誘いは渡りに船だった。

藤岡さんは「演出を確立したい。アルバイトでもいい。手伝ってくれ」と言ってきた。テレビアニメに演出が必要かどうかわからない時代でしたが、東映と虫プロの間に割って入るには、それしかないと見通していたんでしょう。引き受けると、一日だけレクチャーがあって、翌日から仕事。本当にバイト気分でした。

任された「オバケのQ太郎」（六五年八月‐六七年六月）は前例がない作品だった。宇宙や未来などが舞台だったアニメの世界に、初めて日常生活が登場したのだ。

打ち合わせで、藤本弘（藤子・F・不二雄）さんが絵を時流に合わせて描き直そうとしていることを知った。郵便ポストを四角くしたり、板塀《いたべい》をブロック塀にしたり。でも、僕はそれを「やめてくれ」と言った。物干し台も「夜、オバQが流れ星を見ながら涙を流す場面を作りたいから、残してください」と……。空き地の土管もそう。その方が僕自身の世界が作りやすいし、大人も楽しめる作品にするためには、少し前に戻らないとダメだと思ったのです。藤本さんも「昔のものを残すという手もあったんですね」と意気投合しました。

「オバQ」の視聴率は三〇%超。その後「パーマン」（六七年四月‐六八年三月）、「怪物くん」（六八年四月‐六九年四月）と続く藤子漫画には、生活の素材を使ったギャグのベースが山とあった。

児童劇で一番ウケるのは日常のしぐさ。朝のシーンでは歯磨きなんです。子どもは始めたばかりの歯磨きが楽しくて仕方がない。そんな演出家の下地があったから、好き勝手に楽しんだ。インスタントラーメンも、アニメーターがどんぶりにフタを乗せた絵を描いてきたら、「こういう時は雑誌を乗せるんだよ」と描き直してもらった。

藤岡が見抜き、おおすみさんが見せつけた演出の力は、アニメ界にとどまらなかった。

当時のＴＢＳの担当者は、「『オバＱ』のちゃぶ台を囲んで食事をする場面が実に生き生きしている」と感じ入り、その後、ＴＢＳのホームドラマは食事の場面ばかりになった。ＴＢＳが〝飯食いドラマ〟を始めたというけど、その前にオバＱでやってたんです。

〝動かない〟を逆手にとった「ルパン三世」の演出

バイト感覚で始めたとはいえ、当時のテレビアニメは、おおすみさんの理想からはあまりにかけ離れていた。

漫画映画は〝動いてナンボ〟だと思っていたのに、人が歩くシーンで足が動いていない。だから、手塚治虫さんに会った時に「動かないアニメを作るなんて、裏切り行為だ」と言った。すると、手塚さんは「私だって動かしたい。でも今、私がやっているのは、三〇分の制約の中でストーリーを語ることなのです」と言う。雷に打たれたような衝撃を受けた。アニメとはキャラクターを使って物語を語ることなのだと……。

頭に浮かんだのが、ロシアの映画監督エイゼンシュテインのモンタージュ理論だった。カットの組み合わせで場面の意味を表現する手法だ。

画面で「ドサッ」と音だけがして、そっちを見ると人が倒れている……とか、動かないカットを並べることで、歯切れよく物語が進められる。ならば思い切ってそれでいこう、と考えたのです。

「ルパン三世」（七一年一〇月－七二年三月）では動作を大胆に省略した分、ディテールに徹底的にこだわった。

うまい具合に、担当アニメーターの大塚康生さんが銃や車の研究家だった。僕は腕時計でも

「〝腕時計〟なんてこの世にない。ホイヤーを描いてほしい」と言い、拳銃もルパンに合うものを、とワルサーP38を選んだ。次元大介は、大塚さんが「彼はプロ中のプロ。自動式なんて不安定なものは好まない」と言うので回転式になった。

だが、視聴率は低迷。青年向けに夜九時台に放映する予定で制作したのに、放映前、子ども向けの夜七時台に変更されたのが響いたのだ。

第三話の放映後、制作局の大阪・よみうりテレビに呼び出され、子ども向けへの路線変更を迫られた。僕は東京に戻った後、東京ムービーにさえ一切、足を運ばなかった。アニメ業界と縁を切ったのです。

制作を引き継いだのは、Aプロダクションの高畑勲と宮崎駿。だが、視聴率は上がらないまま打ち切りとなった。

今思えば、高畑、宮崎コンビはつらい仕事をやってくれたと思う。だけど、再放送のたびに視聴率が上がっていった。なぜ「ルパン」がウケるのか。テレビ局の調査を見ると、視聴率が低かった理由と同じだった。〝動作の省略〟が「ダメ」と「いい」。つくづく真実は一つではないと思いましたね。

能や歌舞伎もキャラクターを動かす〝アニメ〟

舞台活動に戻ったおおすみさんがあらためて感じたのが、アニメ制作システムが本質的にはらむ矛盾だった。

芝居はけいこが始まってからも、配役によってどんどん違うものになっていく。つくるプロセスそのものが創造的です。これに対して、アニメは膨大な人間がかかわっているけど、お互いの顔を見ることはない。各段階で送られてきたものを処理するだけです。僕はアニメを作っている時に、芝居のような創造性を感じたことがない。

個人作品の表現手段なのに、個人の創造性を阻却《そきゃく》するアニメのシステム。この矛盾はようやく解消しつつある。

初期のアニメを調べると、漫画映画の原点は〝個人で全部創る〟だったとわかる。漫画家には、何よりも自分のキャラクターを動かしたいという情熱があった。アニメ制作は従来、仕方なく分業していたけど、「みんなで力を合わせるから、いいものができる」ことは絶対にない。今後、コンピューターを利用することでアニメは個人の仕事に戻ってくるでしょう。

しばらくアニメから離れた後、「ラ・セーヌの星」（七五年四月 - 一二月）、「子鹿物語」（八三年一一月 - 八五年一月）などで再び演出。一方で、着ぐるみを使った〝マスクプレイミュージカル〟や映画も手掛けた。

無節操に見えるけど、僕は結局、〝キャラクターを動かす〟ことしかやってない。調べてみると、古代に仮面劇で演じられたギリシャ悲劇や能・歌舞伎のように、生身の身体表現とは異なる造形パフォーマンスは世界中にある。これらは広義のアニメではないか。そう気づいたのです。

それらを「アニメーションカテゴリー」として、研究会を発足。そして、アニメを文芸・演出主導で制作するシステムの確立者の一人として、あえてこう言う。

実は文芸・演出主導で成功したアニメはない。東京ムービーが手掛けたのも、既にキャラが立った人気漫画のアニメ化がほとんど。アニメはまずキャラクターありきで、物語ありきではないのです。僕は、モンキー・パンチさんにも、「『ルパン』に出てくるちょい役をすべてフィギュアにして一座を作りなさいよ」と言っている。そんな一座があれば、物語なんていくらでも作れるんだから……。ただ、この意見は業界ではタブーですけどね。

（二〇〇六年三月二三日、三〇日、四月六日掲載）

おおすみ正秋（おおすみ・まさあき）

一九三四年、兵庫県生まれ。人形劇団「ひとみ座」の脚本および演出の傍ら、同じくひとみ座出身の藤岡豊が興した「東京ムービー」が制作した「オバケのQ太郎」「ムーミン」「ルパン三世」などで演出を務める。その後も、「ラ・セーヌの星」「子鹿物語」「走れメロス」などのアニメを監督。「マスクプレイミュージカル」と称するぬいぐるみ演劇を行う「劇団飛行船」でも、演出を手掛ける。過去には「大隅正秋」名義も。

大塚康生

アニメ職人がこだわる〝リアリティー〟

力作「太陽の王子 ホルスの大冒険」制作も、大衆はそっぽ

「鉄腕アトム」を初めて見た時、東映動画のアニメーター大塚康生さんは、その技術の低さにあきれた。

ちゃちで、全然キャラクターが動いていない。話にならない。ストーリーはともかく、こんなもの世の中に出していいのか、とさえ思った。だけど、一般の人は技術なんて見ていない。漫画界の人気者だった手塚治虫さんがアニメを作っただけで、無条件で喜んだ。さすがに、あの時は冷めた気分になりましたね。

幼少時、絵を描くのが好きだった。機関車や車をひたすら正確に描いた。

対象物を手元にとどめておきたかった。もし写真機を持っていたら、絵はやらなかった。絵は生きもので、描くうちに面白くなってきて、東京なら絵の勉強ができるかなと就職した。一時、麻薬Gメンになったのは偶然で、仮宿のつもりでした。

仕事の傍ら画家のアトリエやサークルで勉強をした。意外にもアニメとの出合いは遅い。

フランス映画の（宮崎駿にも影響を与えたとされる）「やぶにらみの暴君」（五五年日本公開）とか、ロシア映画の「せむしの仔馬」（四九年日本公開）を見て、こんなのを作れたら、と思ったのは上京後です。描かれた世界全体が面白かった。とにかく絵を描くことを仕事にしたいと東映動画に入社しましたが、そこで大工原章さんや森康二さんといった良き先輩たちと出会ったのが良かった。その後の僕の人生の展開にとって決定的でしたね。

最初のカラー長編アニメ映画「白蛇伝」（五八年）から手掛け、いわば日本アニメ史の本流にいた

大塚さんの信念は、「アトム」のテレビ放映にも揺るがなかった。

東映にも手塚さんのファンはいたけど、僕は手塚さんの漫画自体、知らなかった。僕は雑誌などで流行の漫画を動かしたいとは思っていない。深いところで人生を語るような作品に参加したいと思っていましたから……。

「太陽の王子　ホルスの大冒険」（六八年）で初の作画監督を任された。演出は高畑勲、場面設計は宮崎駿。後にアニメ史上に金字塔を打ち立てるゴールデントリオは、この時、実現した。制作に三年。だが、その良さを理解できる〝大衆〟はまだ育っていなかった。

興行的には東映一の大失敗でした。契約金ダウンを言い渡され、辞めさせられたのです。でも、会社に損をかけたんだから仕方ない。今でも、全然東映を恨んでいません。

リアリティーを追及する職人魂が「ルパン」動かす

東映動画を辞めていた先輩アニメーターの誘いで、Aプロダクション（東京ムービー傘下のアニメ制作部門／現・シンエイ動画）に移った大塚さんは、胸に秘めた高い志とは裏腹に、大衆ウケが重視されるテレビアニメ制作と直面することになった。

忸怩《じくじ》たる思いはあった。でも、テレビアニメにもできるだけ良心的な部分を織り込んだ。そこが自分の〝城〟。そこを失ったら自分ではなくなってしまう。きちんと手をかけて作る。それは「ムーミン」（六九年一〇月‐七〇年一二月）でも、「ルパン三世」でもやった。

「ルパン」は、演出のおおすみ正秋とテレビ局、スポンサー側の意向がぶつかって、たびたび制作は危機に陥った。

初の青年向け作品で、非常に先見の明があると思った。でも、早すぎた。方針変更で子ども向けに七時台の放映になると、おおすみさんは「降りる」と言い出し、会議の時、出ていこうとした。その時「ほら」と、ちょっと描いたパラパラ漫画を彼に見せたのです。

〝アニメの原点〟の効果は絶大だった。おおすみは「あれを見てやる気になった」と言う。制作が軌道に乗ると、作画は大塚さんの独壇場だった。

漫画作家には、動作が連続しているという感覚がない。各コマの間には実は時間があって、漫画家は象徴的なシーンだけを描いている。原作のモンキー・パンチさんに会って、「こういう角度から見たルパンを描いてよ」と何度も頼んだけど、いつまで経っても描けない。それで、僕がモンキーさんの絵を研究してまとめたのが「ルパン」なんです。

視聴率が振るわず、おおすみが降板した後、高畑勲、宮崎駿コンビが渋々、制作を引き受けた。旧知の大塚さんが口説き落としたのだ。

「ルパン」は前半と後半のトーンが違う、とよく言われますが、その全体を見るから〝いい〟。シリアスなおおすみ演出と、コミカルな高畑、宮崎演出の重層構造だから面白い。どちらか一方だったら、今のルパンはないいんじゃないですか。

リアリティーにこだわって、作中に登場させた実在の銃、車などは、大塚さんの趣味が大きく反映されており、原作にはない。ふと疑問が湧く。アニメ版「ルパン」は誰のものなのか。

そりゃあ、モンキーさんですよ。いくらいじっても、原形は疑いなくモンキーさんのもの。

僕はそれを動かす職人なのですから。

ただの複雑化には未来がない

大塚さんが宮崎駿監督と組んだ「未来少年コナン」（七八年四月 - 一〇月）と劇場用「ルパン三世カリオストロの城」（七九年）が、放映・公開当時よりも、再放送のたびに評価が高まったのには、理由がある。

いいアニメーションは、何度も見たくなる。何度見ても「ああ、このシーンは面白い」と思う。これが絵画芸術としてのアニメーションの特徴なのです。映画なら、黒澤明監督の「七人の侍」（五四年）だってそうでしょう。

コナンの身のこなしや五ェ門の刀さばきが脳裏に焼き付いているのは、〝リアル〟だからだ。だが、今の日本アニメは逆を向いている。

お茶の飲み方でも、熱い茶なら茶わんの端をつまんで口を近づけるし、酔っぱらいなら茶わんをわしづかみにする。こんなふうに、各場面でキャラクターがどんな動きをするのかを想像するのが楽しい。若いアニメーターにも、「何も想像しないで描くのは良くないよ」と言っています。だけど、この前見たアニメの吹雪のシーンでは、風に向かって話しながら歩いてくる二人がずっと前を向いたままなんです。コートで顔を覆《おお》えばリアルなのに……。

制作技術の進歩も、日本アニメにプラスかどうか疑わしいと見る。

アメリカのアニメは円の変形、組み合わせでキャラクターを作り、陰影をつけて立体感を出す。この構造はコンピューターとなじみやすい。でも、日本のアニメはもともと平面的だから、手描きでも手間は同じ。近ごろは複雑に影をつけた作品を作っているけど、線が多くなった分、歩合制のアニメーターは枚数が描けず貧乏になった。「ドラえもん」のようなキャラクターの形が単純な作品はともかく、複雑化には未来がない。絵を描く人がいないのだから。

そんな大塚さんが自らの人生を子細に語った著書『大塚康生インタビュー アニメーション縦横無尽』（実業之日本社）は、アニメーター志望の若者の必読書だ。

今は原作漫画そっくりに描くことが要求され、本来、動かすべきものを、「止め絵」を豪華にして見せていて、それがウケている。だから、アニメーションは〝終わりつつある〟のかもしれない。今後、アニメーターを目指す人は、長年、描き続けなければ自分の作風は認められないと考え、志だけは高く持っていてほしい。絵コンテに納得できなかったら、「おかしい」と言うべきです。いつかは認められる。自分の納得を大事にしてほしい。

（二〇〇六年五月一一日、一八日、二五日掲載）

大塚康生（おおつか・やすお）

一九三一年、島根県生まれ。東映動画に入社し、「白蛇伝」「わんぱく王子の大蛇退治」などの原画を手掛ける。「太陽の王子ホルスの大冒険」で初めて作画監督を担当。東映動画退社後、東京ムービーや日本アニメーションで、「ムーミン」「ルパン三世」「未来少年コナン」「じゃりン子チエ」などの作画監督を務めた。日本アニメーション協会名誉会員。〇二年、文化庁長官賞受賞。一九年、第四二回日本アカデミー賞協会特別賞受賞。

小田部羊一

描かれた世界の中でキャラクターを生き生きと

名作童話に魅せられ、東映動画を辞す

巨大ロボットものと同時期に育っていったジャンルがある。世界名作ものだ。その直前、東映動画のアニメーター・小田部羊一さんは、岐路に立たされていた。

Aプロダクションから、同期のパクさん（高畑勲）と、宮さん（宮崎駿）の三人で誘われた。それまで東京ムービーは、ヒット漫画をそのままアニメ化している印象だったけれど、「『長靴下のピッピ』をやりたい」と言う。グラッときましたね。

一九五九年に東映動画に入社。直後に手掛けた「少年猿飛佐助」（五九年）以来、東映の劇場用アニメ全盛時代に、フルアニメーションの技術を積んできた。だから、テレビアニメの仕事は実に気楽だった。

本業は劇場用長編と思っていましたから、「狼少年ケン」も「風のフジ丸」も、「こんなに動かさなくていいの？」という感じ。それではと、僕も宮さんもテレビを実験場のようにして、新アイデアをどんどん試すことができた。その後、「空飛ぶゆうれい船」（六九年）では作画監督をやりましたが、長編の経費は徐々に削られ、欲求不満がたまってきた。そんな時、東映時代の先輩でAプロにいた大塚康生さんの「ムーミン」を見て、新鮮なものを感じたのです。人気漫画のアニメ化では表現できない何かがある、と――。

世界一の力持ちで、一人で動物たちと暮らす風変わりな少女が活躍する名作童話。そこに魅力を感じてAプロに移籍した小田部さんだが、思わぬ結果が待っていた。

原作者リンドグレンにアニメ化を許可してもらおうと、ムービー社長の藤岡豊さんがスウェーデンまで行った。その時、宮さんがロケハンのため同行した。「アルプスの少女ハイジ」(七四年一月‐一二月)が初の海外ロケ作品とされていますが、「ピッピ」の方が先ですね。ところが当時、日本人はエコノミック・アニマルと呼ばれて評判が悪く、「そんな国の人にアニメは作らせない」と断られてしまったのです。何のために東映を辞めたのか……。

落胆するスタッフが思いをぶつけたのが、藤岡が持ってきた劇場用中編の話だった。

日本にパンダがプレゼントされたのをヒントに、宮さんが提案したのが「パンダコパンダ」(七二年)でした。ミミ子のデザインや、家に一人という設定は、せめてもの思いで「ピッピ」から反映させた。実写と同時上映でしたが、ラストで子どもたちがテーマ曲を大合唱して……うれしかったですね。

「ハイジ」で宮崎駿、高畑勲と決意の移籍

Aプロも小田部さんの生涯の仕事場とはならなかった。東京ムービーの作品の方向性が自分の希望とズレてくると、再び将来を考えざるを得なくなった。

そんな時、パクさんにズイヨー映像（現・瑞鷹）から、「アルプスの少女ハイジ」の話がきた。また会社を辞めるのかと悩んだ末、僕と宮さんでパクさんの家へ行き、最後にこう言った。「パクさんがハイジで何かできるという確信があるなら、ついて行きます」。

決意の移籍をした三人を待ち受けていたハードルは、高かった。

ズイヨーの社長は「世界に通用するものを」と意気込んでおり、「海外ロケもやろう」と言う。僕は「世界に通用するものなんて」と正直ビビりました。「キャラクターはオーディション制にしたら」と提案したり……。でも最後は、自分が経験した蓄積の中からやるしかないと覚悟を決めました。

ロケハンの前、ハイジを描いた。だが、高畑は首を縦に振らない。

最初は絵本や絵はがきで見たような、民族衣装を着た青い目の女の子。でも、描いても描いてもダメ。「どんなの描けばいい？」と聞いたら、「おじいさんをひたと真正面から見つめるハイジを描いてほしい」と言う。真正面の顔は実は難しい。それで狙いがわかり、やっと現在のイメージになった。ただ、髪の毛は三つ編みでした。

スイスでは、新たな発見が多数あった。

チューリヒの図書館長は、「山でおじいさんと暮らす小さい子が髪の毛を手入れできるはずがない」と言う。それで、髪形をザンギリにした。山ではアニメの設定とそっくりな家を見つけ、宮さんはそこをヒントに間取りを決めた。みんながひいひい言って登った斜面を、ハイジは息も切らせず駆け上がる……そんなイメージも膨らみました。

徹底したリアリティーの追求は、制作現場でも貫かれた。

「ハイジ」は動画枚数が多いけど、予算が決まっていた。アニメーターはたくさん描かされるわりに、収入が上がるわけではない。当時「アニメーターの地位低下につながる」とさえ言われました。

しかし、苦労は実った。放映が始まると、視聴率は裏番組の「宇宙戦艦ヤマト」を圧倒した。名

作アニメの歴史は、ここに始まりを告げた。

今見るとどうしても、「もう少し……」と欲が出る。パクさんの要求は当時、「なんでこんなことまで」と感じたけど、今は理由がわかる。すごい演出ですね。

描かれた世界に観客が入り込める作品を

小田部さんは父親の描く油彩画を見て育ち、東京芸大に進学した。絵が描けるはずの小田部さんを驚かせたのが、東映動画で一本の線を描いてみたことだった。

入社後の研修で「少年猿飛佐助」のキャラクターをトレースしたのですが、佐助の姉・おゆうさんのチャーミングな線がどうしても描けない。この時、鉛筆の線一本でキャラクターの情感まで表現していることを知り、驚きました。

だから、テレビアニメに厳しい目を注ぐ。

「鉄腕アトム」は制作に追われて仕方なく枚数を削っているけど、本当のリミテッドアニメは、枚数が少ないなりの表現を追求するもの。いいアニメーションとは、見た人が、自然に別世界に入っていけるものだと思う。動画枚数が制限されても、その範囲内でキャラクターを生き生きと動かす。現実そっくりのリアリズムではなく、描かれた世界の中でリアリティーを持たせるのです。

独立後、高畑勲監督「じゃりン子チエ」(劇場用/八一年)で作画監督。宮崎駿監督「風の谷のナウシカ」(八四年)では、瀕死《ひんし》のナウシカがオームの触手で癒やされるクライマックスの原画を担当した。

何か新しいものを作りたいという意欲は常にある。「チエ」は原作漫画の関西弁が飛び交う世界が面白く、その雰囲気をできるだけ生かした。「ナウシカ」は気楽に引き受け、さっと描いてしまった。実は宮さんはあのシーンを大事に抱えていて、やっと僕に任せたとか……後で聞いて冷や汗が出ました。

小田部さんは八五年から、テレビゲーム「マリオ」シリーズの開発スタッフとなった。

当初、任天堂をよく知らなかったけど、ゲームでマリオが跳んだりはねたりするのを見てびっくり。一つの世界を作ろうとしていると感じた。僕はマリオのいろんなポーズを描き、キャラクターとして展開していった。今では3Dとなり、息づかいのような細かい動作までする。その間、アニメで自分の感性を刺激する作品が現れたら戻ろうかとも思っていたのですが、何もなかった。

そんなアニメ業界に希望はあるのか――。

時々、専門学校で指導しますが、アニメーターは〝動かしたら食えない〟のが現状。ところがある時、自分の教え子の作品を見たら、動きに思いを込めようとしていた。徹夜など、無理をしたと思いますが……教えた甲斐がありました。

（二〇〇六年一一月一六日、二三日、三〇日掲載）

小田部羊一（こたべ・よういち）

一九三六年、台湾台北市生まれ。東京藝術大学卒業後、東映動画へ入社。「わんぱく王子の大蛇退治」「太陽の王子ホルスの大冒険」などで原画を務め、「空飛ぶゆうれい船」で初の劇場アニメの作画監督。東映動画退社後、高畑勲、宮崎駿とともにAプロダクションに移籍。ズイヨー映像、日本アニメーションで「アルプスの少女ハイジ」「母をたずねて三千里」などのキャラクターデザイン・作画監督を担当。八五年、開発アドバイザーとして任天堂に入社し、「スーパーマリオブラザーズ」「ポケットモンスター」などのキャラクターデザインおよびアニメーション映像の監修を務める。二〇一〇年に東京アニメアワード第六回功労賞、一五年に第一九回文化庁メディア芸術祭功労賞、二〇年に日本アカデミー賞第四三回特別賞を受賞。

黒田昌郎

「世界名作劇場」の傑作群を演出

絵でもミュージカルは実現できる

一九五五年、日本で封切られたアニメ映画「ファンタジア」は、「白雪姫」（五〇年日本公開）などとは一線を画し、ディズニーが音楽とアニメの融合による芸術表現を目指した作品だ。クラシックの名曲に乗った美しいアニメーションは、今も色あせていない。アニメ監督の黒田昌郎《よしお》さんも、それに魅せられた一人だった。

前からミュージカルをやりたいと思っていたのですが、当時の日本には、アメリカのように歌って踊れる役者がたくさんはいなかった。そんな時、「ファンタジア」を見て思いついた。役者を使わなくても、絵を動かしてミュージカルができると——。

幼少時から演劇が好きで、早稲田大学でも最先端のフランス演劇を学ぼうと、フランス文学を専攻した。演出家を目指して東映動画に入社したが、試練が待っていた。

大量に新入社員を採用したため、助監督希望者が二〇人もいた。でも、長編アニメは一年に一本。入社後、サバイバルが始まりました。週一回、論文やシナリオの提出を命じられるテストが二カ月くらい続いた。結局、演出助手として残ったのは僕を含め五人ほど。残りはＣＭなど他のセクションに回されました。

生え抜き中の生え抜き。そんな黒田さんには、「演出助手」の肩書が記された作品はない。

名前が載った最初の作品は「アラビアンナイト シンドバッドの冒険」（劇場用／六二年）です。制作中に演出の藪下《やぶした》泰司《たいじ》さんが自宅療養となり、僕が藪下さんの指示を聞いて演出作業を代行した。言われたままにやっただけですが、タイトルには「演出」として藪下さんと名前が並びました。

実際に演出した初の作品は、SFファンタジー「ガリバーの宇宙旅行」（六五年）。たぎる才気をぶつけると同時に、二つの〝時代の波〟を味わうことになった。

音楽に冨田勲さん、歌に坂本九さんを起用し、ミュージカル仕立てにした。入社以来の夢が早くも実現したのです。ただ、制作途中でテレビアニメ「狼少年ケン」に穴が空きそうになってスタッフが応援に駆り出され、制作は半年以上、中断しました。作品の社内評価は賛否両論でしたが、創業者の大川博さんは怒った。ロボットが「人間をぶっつぶせ」などと歌いながら行進してくるシーンを見て、「これを作った監督は全学連じゃないか」と。そんなつもりはなかったのに……。もう二度と長編の監督はやらせてもらえないと、覚悟しました。

大好きな〝人間〟を描くことを忘れず

六〇年代後半、黒田さんはテレビアニメの隆盛に飲み込まれていく。他の演出家とともに、さま

ざまな作品の演出を工業製品のようにローテーションでこなした。だが、どんな作品でも、自らの課題に取り組むことを忘れなかった。

「ゲゲゲの鬼太郎」は、おばけの目を通して人間社会に対し、辛口の問題提起をする。それが好きで、自分から手を挙げて第一話を担当した。ただ、ギターを弾いて人の魂を抜きとる夜叉《やしゃ》という化け物が怖すぎたため、第三話の「おばけナイター」と差し替えになってしまいましたが……。当時、音楽をアニメ化しようというこだわりを捨て切れなかったのか、「鬼太郎」で僕が担当した回は必ず楽器が出てきます。

「タイガーマスク」も、プロレスを見せるだけに終わらせなかった。

戦っているタイガーマスクの内面を克明に描写しました。映像的な実験にも挑戦し、八秒間無音のシーンなんてのもある。当時、会社からは動画枚数を減らすように言われ、一本で二〇〇〇枚を切れば報奨金が出ましたが、僕の基本は「動かしたい」。いつも制限いっぱいの枚数を使いました。

そんな黒田さんに転機が訪れた。管理職に異動になったのである。

演出に戻してもらうよう頼みましたが、聞き入れてもらえなかった。一方、アニメは制作費がかかりすぎで、東映動画は赤字を抱えていた。僕は人員削減を目指す会社から、辞めてもらう人のリストを作るよう命ぜられた。でも、それは人間として嫌だった。結局、自分のクビを切りました。

相前後して東映を辞めた名アニメーター・森康二の紹介で、黒田さんはズイヨー映像にて「山ねずみロッキーチャック」（七三年一月‐一二月）、「アルプスの少女ハイジ」で絵コンテを担当した。そして、再び演出の機会がやってきた。

成り行きで後続企画を任された。当初、「シートン動物記」の予定でしたが、スポンサーだったカルピスの会長の鶴の一声で「フランダースの犬」（七五年一月‐一二月）になりました。

テレビアニメはロボットもの全盛期。だが、黒田さんが描きたかったものは違った。

ロボットものは戦いを描かざるを得ない。暴力は戦争を想起させ、戦中、疎開した僕には抵抗があった。ロボットものだと、善悪の単純な図式になってしまうけど、人間はもっと複雑な存在。人間には弱さがあり、だからこそ親しみが持てる。そんな人間を描きたかった。僕は人間が大好きなのです。

「フランダースの犬」に描かれた〝生の幸せ〟

世界の児童文学を題材にした「世界名作劇場」は七〇～九〇年代、家族が一緒に楽しめる作品として高い人気を集めた。その先陣を切り、シリーズ最高の三〇％超の視聴率を得たのが「フランダースの犬」だ。だが、原作を手にした時、黒田さんは頭を抱えた。

一人で全話を演出するのですが、こんなに短い物語をどうやって五二回分にするのか……。毎週、脚本家らと話し合って物語を作りましたが、原作を使ったのは最後の四本くらい。残りはオリジナルでした。

ベルギーの現地ロケでも当惑した。

アントワープは工場街に変わり果て、原作当時の面影がない。結局、古い街並みが残るブルージュをモデルにした。農村のシーンも、日本の明治村みたいなところで家屋や風車を参考にし、バラバラに持ち帰ったものを日本でまとめました。

ラストでネロとパトラッシュは凍死する。あのシーンで多くの人が涙するのは、〝生〟の描き方に理由があった。

僕は戦中、食べものに不自由した時でも境遇に恨みは感じず、日常生活の中に喜びを見つけて生きてきた。不平がすぐに口をつく世相で、そんな価値観を描きたかった。ネロはどんな逆境も恨まず、おじいさん、パトラッシュと一緒にいるだけで幸せ。死の悲しみよりも、生きることの幸せを重視して描いたのです。

ネロら登場人物への感情移入を容易にしたのは、キャラを描いた森康二の力も大きかった。

森さんは「線は一本でも少なく」という人。遠目にキャラクターの陰影がわかるだけでも、

「その人物がどんな気持ちでいるかをわからせろ」と言う。動きの中で表現するという森さんのスタイルが僕は好きでした。

ネロの生地・ホーボーケンでは「フランダースの犬」は無名だったが、アニメ人気から日本人観光客が多く訪れるようになり、現地にネロとパトラッシュの銅像も建った。黒田さんは名作劇場で「家族ロビンソン漂流記 ふしぎな島のフローネ」（八一年一月‐一二月）なども監督。女子美術大学と日本電子専門学校で後進を指導する（＊前者は二〇一一年、後者は一六年まで）。

今のアニメは、人気漫画のキャラにおんぶにだっこ。あれならアニメーターは必要ない。日本のアニメはストーリーアニメとして発達してきたけど、各シーンでは動きで見せようと、アニメーターが力を発揮してきたから、良質な作品が生まれてきた。今、学生には円を一〇秒間動かすだけで、何かを表現することをまずやらせる。動きの中で表現することを学んでほしいのです。

（二〇〇七年九月一三日、二〇日、二七日掲載）

黒田昌郎（くろだ・よしお）

一九三六年、東京都生まれ。早稲田大学第一文学部卒業。東映動画に演出助手として入社し、「アラビアンナイトシンドバッドの冒険」（藪下泰司と共同）、「ガリバーの宇宙旅行」で演出を務める。その後、日本アニメーションに移籍。主な監督作品に、世界名作劇場シリーズの「フランダースの犬」「シートン動物記 くまの子ジャッキー」「家族ロビンソン漂流記 ふしぎな島のフローネ」「ピーターパンの冒険」など多数。

コラム

2 分業体制の光と影

アニメ制作が、数多くの工程を分業することで成り立っていることは、今では知らない人はいないだろう。大まかに、企画→脚本→絵コンテ→レイアウト→原画→動画→彩色→背景→撮影→音響→編集となる。

ただ、日本のアニメ制作で特徴的なのは、これらの多岐にわたる工程だけでなく、同じ工程でも多数の制作会社やスタジオに外注されていることだ。これは米国ディズニーアニメが、基本的には自社内ですべて内製しているのとは対照的である。

日本でほぼ丸ごと引き受けることができる制作会社となると、かつてのタツノコプロや京都アニメーション、大ヒットした「鬼滅の刃」を制作したユーフォーテーブルなど、わずかしかない。ほぼすべてのアニメが程度の差こそあれ、元請けから下請け、孫請けに外注され、制作されている。

このため、ジブリ作品などのアニメ映画ともなると、エンドロールに非常に多くのアニメ制作会社や個人の名前が並ぶことになる。ある関係者は、そんな光景を見て、「アニメ映画の大作を作るには、日本のほぼすべてのアニメ関係者の力を動員しなきゃならないんですよ」と苦笑いした。アニメ大国というと、制作に携わる人材が無尽蔵にいるように思えるが、実際には一定の優秀なスタッフが、あっちでもこっちでも作品を掛け持ちすることで、高品質の作品を生み出してきたのである。この意味でも、日本のアニメは「分業」体制で制作されてきたと言える。

とりわけ本書に登場していただいた方々のほとんどは、一時期、制作会社やスタジオに所属して実力をつけ、その後、独立して自らのスタジオを立ち上げたり、フリーランスとして企画が持ち上がるごとに参加を求められ、手腕を発揮してきた方々だ。

一例を挙げれば、大塚康生さんは東映動画出身だが、退社後、「ルパン三世」の制作で、同じ東映動画出身の宮崎駿さん、高畑勲さんとタッグを組んだ。

旧・虫プロダクション出身の富野由悠季さんは、やはり虫プロ出身の安彦良和さんと、タツノコプロ出身の大河原邦男さんと組んで、「機動戦士ガンダム」という金字塔を打ち立てることになった。

また、高畑さんと宮崎さんのコンビが中心を担った「アルプスの少女ハイジ」では、同じ東映動画出身の小田部羊一さんがキャラクターデザインを担当したのに加え、多くの話で富野さんと、東映動画出身の黒田昌郎さんが絵コンテを担当した。あるいは、宮崎さんの不朽の名作「風の谷のナウシカ」で美術監督を務めたタツノコプロ出身の中村光毅さんは、それ以前に「ガンダム」も手掛けていた——。

このような例は、枚挙にいとまがない。

取材当時は、今のようにアニメ関係者の経歴について、ウィキペディアなどで詳しく記されてはいなかったので、事前にどの作品に誰がスタッフとして参加しているのかを詳細に知ることはなかなか困難だった。取材相手から思わぬ名前が出てきて、驚いたことをよく覚えている。

筆者の勝手な見方かもしれないが、主に東映動画、旧・虫プロ、タツノコプロを三つの源流として、そこから出発した人間国宝級の「アニメ職人」の離合集散に、辻真先さんや雪室俊一さんら当代一流の脚本家が加わり、時には漫画原作にはない話を「創作」したことが、この国の多様で抜群に面白いアニメを生み出した原動力となったのではないか。

ただし、職人同士がみな和気あいあいと制作に励んでいたかというと、そうではなかったようだ。みなさん、自分の追い求める表現に一家言ある方ばかりなので、自己主張も強く、反《そ》りが合わない方に対する悪口……いや、批判的な見解も数多くうかがった。もちろん、その内容はここで書くわけにはいかない。

逆に、一緒に仕事をした多くの方から、その技術力やチームワークについて尊敬の念が込められた感想を聞いたのが、大塚康生さんだった。ご本人は飄々《ひょうひょう》とされておられ、決して自分の仕事を自慢するようなことはなかったが、現場レベルで日本のアニメの基礎体力を培《つちか》った最大の功労者は、大塚さんではないかと思っている。

ただし、こうした「分業」にはデメリットもある。ただでさえ多額の資金がかかるアニメ制作の中でも、核となる原画の制作は、多数のスタジオや個人宅で同時に進められ、完成した原画は元請けの制作会社が一軒一軒、車やバイクで訪ねて集めているのが現状だ。さらに、動画の多くは中国に制作委託しているため、この紙の原画を中国に送り、動画を描いて日本に送り返してもらう。この「紙の移動経費」がアニメ制作上、大きな負担となっているという。

現在では、一部の先進的な制作会社は、ペンタブレット上で原画を描き、データのやりとりで制作を進めるペーパーレス作画に取り組んでいる。これなら、紙を集めるための車やバイクは必要なく、作画スタジオを経費の安い地方に設置すれば、いっそうの経費節減になる。だが、今のところ、採用する制作会社は一部にとどまっている。というのも、極端に分業化されているため、どこか一社がペーパーレスにしたところで、工程が混乱してしまうからだ。

また、多数の作品を手掛けた職人級のアニメーターからは、かつて作画はスタジオの密な環境で先輩から後輩に伝えられ、紙に描かれた「線そのもののニュアンス」を新人アニメーターや彩色の担当者が「必死に読み合う」ことで、自分の技術を磨いてきたという指摘があった。

ペーパーレスは二〇二〇年に襲ったコロナ禍のような事態において、有効な手段であることは間違いないし、分業体制に伴《ともな》う諸経費を削減することで、アニメ業界の労働者の待遇改善につながることが期待されるが、その一方で、先輩たちが実地に学んできた「匠の技」を、どう後輩たちに引き継いでいくのか、課題が残る。

鈴木伸一

トキワ荘のメンバーと「スタジオ・ゼロ」設立

「おとぎプロ」の八畳間で手探りの制作

この連載では、テレビアニメ「鉄腕アトム」を出発点としたが、日本初のテレビアニメシリーズは「アトム」ではない。「フクちゃん」で知られる漫画家、横山隆一による一分もの「インスタントヒストリー」（六一年五月・六二年二月）が最初だ。その放映の五年前、手塚治虫をはじめ多数の著名漫画家が暮らしたトキワ荘で、漫画家を目指していた鈴木伸一さんに、ある情報がもたらされた。

トキワ荘では寺田ヒロオや藤子不二雄（F、Ⓐ）、石ノ森章太郎、赤塚不二夫と一緒でした。当時、ストーリー漫画は子ども向けとされ、大人向けは横山先生たちの「漫画集団」が大きな力を持っていた。僕は子ども向け漫画を志向していましたが、横山先生の「フクちゃん」のファンでもあった。トキワ荘に入居して一〇カ月後、上京時にお世話になった漫画家の中村伊助先生から「横山さんが漫画映画を作っているので、紹介するからやってみたら」と言われ、ディズニーからのアニメファンだったので、大喜びで鎌倉の横山先生宅に行きました。

横山宅に赴《おもむ》くと、さっそく住み込みで働くことに。同じ年、東映動画が設立され、白黒の短編アニメを作り始めたばかり。アニメの〝手作り〟が始まった。

横山先生が設立した「おとぎプロダクション」は最初からカラー、35ミリ映画用のカメラを手作りの木製撮影台に乗せて制作していた。作画は八畳の和室で、ちゃぶ台の上に作画台を置いて、あぐらをかきながら動画を描きました。素朴な環境でしたが、僕もアニメ制作は初体験。「これがアニメなんだ」と感動し、毎日が楽しかったですね。

トレースの線を墨で描き、セル絵の具はポスターカラーに油分を混ぜて代用した。

横山先生も戦時中にアニメの絵コンテを描いたことはあっても、実際の制作には疎《うと》かったと思う。僕は「ふくすけ」（五七年）からですが、その時は絵コンテもなく、横山先生から「今日はこれを描いて」と原画をもらって、必要な動作を考えて描く。秒数なんてあってなきがごとくで、自分なりに作画して完成したら横山先生に見てもらい、ＯＫならそれをセルにする。

横山による自主制作なので、締め切りに追われるわけでもない。横山の趣味が余すところなく発揮され、一年後に完成した「ふくすけ」は、その年のブルーリボン賞を受賞した。

この作品は、おとぎプロ最初の作品だけに、横山先生のタッチがよく出ていて、僕は大好きです。

トキワ荘メンバーと「スタジオ・ゼロ」発足

鈴木さんにとって、おとぎプロはアニメを学べるおとぎの国だったが、アニメで金もうけなど考えない横山隆一の作品は、高度成長の潮流には乗らなかった。

横山先生は面白いアイデアが浮かぶと、アニメに入れたくて仕方がない。すると元のストーリーが破たんしていく……。常にそんな具合で、最後まで脚本もなかった。だから長編がない。配給元の東宝の要請で短編をまとめたオムニバス長編「おとぎの世界旅行」（六二年）はあったけれど、興行成績はいまひとつでした。

同じころ、東映動画が成功を収め、横山のもとをたびたび訪れていた手塚治虫もテレビアニメ制作に乗り出す。

「鉄腕アトム」の一、二話を見て「なんて面白いんだ」とショックを受けた。映画を勉強している人の作品は、こうも違うのかと……。僕は自分の殻を破りたいと、おとぎプロを辞めた。それを知って藤子不二雄の二人や石ノ森章太郎らトキワ荘の仲間が、「自分たちでアニメをやろう」と言ってくれた。みんなも興味があったんですね。

六三年、人気漫画家が顔をそろえた「スタジオ・ゼロ」が発足した。だが、アニメを知っているのは鈴木さんだけ。

最初のころ、手塚先生から「スタッフに夏休みをやりたいから」と、「アトム」の作画を一本頼まれた。まだゼロはスタートしたばかりで、漫画家たちと一緒に作画したんですが、みんな個性が強いからいろんなアトムが出てくる。試写を見て手塚先生は、「うーん」と頭を抱えていた。他の虫プロスタッフは、これがNGだと休みが取れないから「まあいいでしょう」と。こうしてできた「ミドロが沼」の巻は、一回放映されたきり、二度とテレビに出ることはなかったし、その後、オリジナルはプリントもネガも行方不明だそうです（＊発見され、現在では見ることができる）。

ゼロが力を発揮したのは、原案を担当した「レインボー戦隊ロビン」（六六年四月‐六七年三月）からだ。

設定は全員で考え、一人一話ずつ物語を書いた。キャラデザインはロビンやリリーを石ノ森、ペガサスを藤子・F・不二雄、ウルフを藤子不二雄Ⓐ……と、今思えば豪華でしたね。次の「おそ松くん」（赤塚不二夫原作／六六年二月‐六七年三月）からは、他の会社と半分ずつですが、制作も始めました。

軌道に乗ると、原作者とアニメ制作者が同衾《どうきん》する強みが生きた。藤子Fの「パーマン」の視聴率

は三〇％を超えた。

藤子や石ノ森の漫画はアニメ化しやすかった。何より世界観やストーリーが確立している。すごく勉強していることがわかりましたね。

動きより〝物語〟で魅了

「パーマン」に続き、「怪物くん」、「ウメ星デンカ」（六九年四月 - 九月）も絶好調。だが、スタジオ・ゼロの前途は、石ノ森章太郎の「佐武と市捕物控」（六八年一〇月 - 六九年九月）を手掛けた後、突然の暗雲に覆われる。鈴木さんは振り返る。

後続の企画がなかなか決まらなかったのです。それまでは原作者たちに次々と新しい企画が持ち込まれたため、売り込んでいく努力をしていなかった。一カ月ほどブランクが空くと、誰からともなく、「ここらで会社ごっこをやめようか」と言い出した。

共同出資者の藤子、石ノ森、つのだじろう、赤塚不二夫らは連載で忙しくなり、鈴木さんしかア

ニメにかかわれなくなったのも一因だった。残った仕事を鈴木さんが引き受け、ゼロは七一年に事実上、解散した。

アニメの制作会社が個々の作品ごとに漫画家と企画を立案するようになり、漫画家集団のゼロの意味がなくなったのでしょう。ゼロが僕の個人事務所となってからは、CMの仕事が多くなりました。シリーズのアニメより短期で制作できるし、従業員の給料のために必死で働きました。

その後も藤子原作のアニメにかかわり続けてきた。それは、鈴木さんと藤子が深い関係であることと以上に、典型的な日本アニメである藤子作品の持ち味を最もよく知っていたからではないか。

結局、映画はストーリーが大事。外国の短編アニメがストーリーをパターン化して、動きの面白さで人々を魅了したのに対し、手塚治虫先生は「アトム」で絵を手段に、ストーリーを見せた。日本人はキャラクターを大事にするのか、誇張された動きを好まない。だから、藤子さんの整理されたキャラクターでも、「トムとジェリー」のように動きに応じて変形したりはしない。日本のアニメは動きというよりストーリー漫画から発達したので、お話が面白く、内容が濃いんですよ。

鈴木さんは、藤子作品に登場する「小池さん」のモデルでもある。むろん、鈴木さんはラーメンを食べてばかりではない。杉並アニメーションミュージアムの館長として、アニメ文化を若い世代に伝える役目も負っている。

僕が好きなのは、楽しく笑えるアニメ。みんなに気軽に見てもらえる作品を作りたい。個人制作が可能になった今、いろいろな作家が出てきましたが、若い人の作品は重くて暗いものも目につく。明るく、生きる喜びを描いた作品も出てきてほしい。アニメはコミュニケーションのツールとして、もっと盛んになると思う。そのための努力はこれからも続けていくつもりです。

（二〇〇七年一月一一日、一八日、二五日掲載）

鈴木伸一（すずき・しんいち）

一九三三年、長崎県生まれ。中学生のころから「漫画少年」に投稿し、入選多数。五五年に上京し、トキワ荘に入居する。五六年「おとぎプロダクション」に入社し、アニメーターに転向。六三年、藤子・F・不二雄、藤子不二雄Ⓐ、石ノ森章太郎、赤塚不二夫、つのだじろうらとアニメ制作会社「スタジオ・ゼロ」を立ち上げる。スタジオ・ゼロ解散後も、監修や原画などでアニメに携わる。「杉並アニメーションミュージアム」館長。

熊倉一雄

「ゲゲゲの鬼太郎」主題歌も大ヒットした名優

海外ドラマ放映、生放送で吹き替えの緊張

アニメのキャラクターが漫画といかに似ていても、決定的に違う点がある。しゃべることである。だから、アニメにおける声優の存在は大きい。日本でテレビ放送が始まる前からディズニーの長編アニメ「白雪姫」で、こびと役の声を務めていた熊倉一雄さんにとって、黎明期のテレビ局の仕事は実にスリリングだった。

最初は海外の実写ドラマ「海賊船サルタナ」（五七年日本放映開始）でした。だけど翻訳する人も慣れてないので、セリフが長い。声優はリハーサルの時にセリフを自分で切るのです。しかも、本番は生放送。モニターの前にマイクが一つあって、自分の担当のシーンになると、入れ代わり立ち代わりマイクに向かってセリフを言う。すごい緊張感でした。

進歩は早かった。同年六月、熊倉さんの当たり役「ヒッチコック劇場」からは録音機器が整う。そしてテレビアニメが始まった。

最初は外国作品の「ヘッケルとジャッケル」（五七年日本放映開始）、次が「ポパイ」（五九年日本放映開始）のブルート役でした。当時、仕事は俳優がメインでしたが、芝居をやっていればいいから、アテレコはそのままやれる。そう言っては何ですが、素晴らしいアルバイトでした。海外のアニメは動きが主で、難しいセリフがないため気楽でしたね。ポパイの時も、「さあこい、ポパーイ」とか言っているだけで終わってしまう。

国産アニメが始まると、熊倉さんはSFもの「スーパージェッター」で科学捜査局長官・西郷又兵衛となった。

実写だと、俳優の芝居を見て「あいつはどう考えて演じているんだろう」と考えながら、それに負けないようについていかなければならない。一方、アニメは制約がない。事前の段階では、「西郷長官は警察の偉い人だから低めの声でいこう」とか考えるくらい。やはり動きを見ないと、声のイメージが固まってこない。ただ、「ジェッター」の後になると制作が追いつかないのか、ある作品はアテレコの時も絵がなく、映像は青い線が上から下に流れてくるだけ。青い線が出ている間にセリフをしゃべる。台本があるので、それでもできちゃうのですが……。

当時、アニメは子ども向け。だが、力の入れようは大人向けの作品と変わらなかった。

むしろ、大人より子どもの方が感覚がシャープなので怖い。私は実写でもアニメでも楽しまなきゃ損と思っていましたから、手を抜くなんてことはまったくなかったですね。

歌ったテーマソングが、「鬼太郎」アニメ化後押し

熊倉さんの声はコミカルで特徴的なため、誰でも一度聞いたら忘れられない。その力が一本のア

ニメ作品を〝生んだ〟ことがある。

以前、作曲家のいずみたくさんに歌を習っていた縁で、よく一緒に仕事をした。ある時、いずみさんが「『墓場の鬼太郎』のアニメ企画があるんだけど、先に歌を作っちゃおうと思うんだ」と言って、「♪ゲ・ゲ・ゲのゲ……」という水木しげるさん作詞の歌を持ってきた。僕は漫画はあまり読まないのですが、「墓場の鬼太郎」は面白がって読んでいた。よくあんな怖い漫画をアニメにするなあ、と感心して歌の話を引き受けました（＊厳密にはアニメ企画とは関係なく、当時の『少年マガジン』で連載漫画の歌を作ってレコードにする企画があり、そのために作られた。結果的にこの歌がアニメ化につながったとも言える）。

『週刊少年マガジン』誌で連載していた「鬼太郎」のアニメ化の話は以前からあった。しかし、最大のネックは怪奇ものと「墓場」のタイトル。レコードは発売されたが、アニメ化は宙に浮いたままだった。そんな折、東映動画の白川大作がこの歌に飛びついた。日本初の怪奇もの「ゲゲゲの鬼太郎」の実現を後押ししたのは、熊倉さんのコミカルな歌声だったのだ。

いずみさんはあの曲をブルースの感じで作っていて、明るい感じではない。それで、原作の怖い雰囲気を込め、寂しいイメージで歌ったのですが、面白がられていたのですか……。「鬼太郎」では声優の出演はないのですが、よく見ていました。原作の怖さがなくなっていたのは残念でしたが、ねずみ男役の大塚周夫さんが秀逸でしたね。

大学在学中に喜劇役者を目指そうと決めた。劇団エコーのメイン俳優の一人となり、代表取締役も務めた。声優としては、有名なのが「名探偵ポワロ」のポワロ、デビッド・スーシェの吹き替えだ。

僕らが声優を始めたころは、陰の声として裏方的な扱いだったけど、現場では新しいものを作ろうという熱があった。今、アニメ人気が高まり、声優のスターが増えるのは喜ばしいけど、一人のスターの裏に何人が消えていったか。アニメ業界が声優たちを支えるシステムになっているかどうかは気になりますね。

現代のアニメ制作現場は寂しく見える。

昔は絵を描く人、物語を書く人との共同作業だったけど、今はベルトコンベヤーのように分業化されており、つまらなくなってしまった。人と人との触れ合いが欲しいですね。人間の仕事なのですから。

（二〇〇七年三月一五日、二二日掲載）

熊倉一雄（くまくら・かずお）

一九二七年、東京都生まれ。五六年、劇団「テアトル・エコー」に入団。井上ひさしやニール・サイモンの舞台に出演や演出をするほか、俳優、声優としてテレビでも活躍。アニメ化に先駆けて「ゲゲゲの鬼太郎」のテーマソングを歌い、六八年からのアニメではオープニングソングとして使用され、大ヒットした。他に「ひょっこりひょうたん島」「ヒッチコック劇場」「名探偵ポワロ」などの声の出演で人気を博す。一五年、逝去（享年八八）。

山崎敬之

「巨人の星」から「アンパンマン」まで担当

「巨人の星」は過剰な感情表現で人気

テレビアニメに新風が吹き込んできた。「巨人の星」（六八年三月‐七一年九月）である。厳しい特訓で魔球を開発する星飛雄馬とライバルの対決が、劇画タッチで展開される。出版社から畑違いの東京ムービーに転職し、企画を担当した山崎敬之さんは、この異色作の人気の秘密がわかるまで時間を要した。

入社前は、なんで一球団のことをアニメでやるのかと違和感があった。でも入社後、原作漫画を読むと、確かによくできている。いち少年の成長ドラマであるとともに、花形満などとの人間関係も実に巧みに描かれている。星一徹が伴宙太を見込んで野球部にスカウトする伏線なども、ただの野球漫画ではない。「ムーミン」を担当するか、「巨人の星」を引き継ぐかと聞かれた時は、迷わず「巨人」にしました。

本作をきっかけにブームとなる〝スポ根アニメ〟の最大の功労者が、原作の梶原一騎であることは間違いない。だが、この作品を特徴づける過剰なまでの感情表現は、演出の長浜忠夫なくしては考えられなかった。

もともと舞台出身の長浜さんには、「とにかくオーバーにやるのが芝居」という頭があった。オーバーであるほどいい、という単純なドラマ論です。だから、新劇出身などが多い声優さんは、彼の演出にはなじまない。「巨人」でうまくいったのは、飛雄馬を担当した古谷徹さんがまだ高校生だったから。あまり知識もなく、長浜的ドラマ論で御《ぎょ》しやすかったんです。

長浜の演出を梶原はどう見ていたのか。

梶原さんは、テレビはテレビと割り切っていて、アニメに口をはさんできたことは一回もなかった。テレビでどう表現されるか、楽しんでいたのでしょう。いろんな逸話がある梶原さんだけど、僕は嫌な目に遭ったことがない。パーティーで顔を合わせると、向こうから「元気にやっとるか」と気軽に声をかけてくれた。彼は現場の苦労をよく知っていたんですね。

ムービー社長の藤岡豊に対しても当初、梶原は謙虚だったという。

それが変わったのが、七〇年代半ば、ムービーが倒産しかけた時のこと。あるテレビ局から企画が持ちかけられたのですが、藤岡さんは局から「見せ金でいいから」と、制作費を用意する必要に迫られた。それで梶原さんに泣きついたのです。次の日、一億円が用意されたけど、その後は立場が逆転してしまいましたね……。

「バカボン」の破天荒さ、追求しウケる

東京ムービーのアニメには、時代を先取りしすぎたものが多い。今や日本の代表的なギャグ漫画

と言える赤塚不二夫の「天才バカボン」（七一年九月‐七二年六月）も、本放送時はさほどの視聴率を上げられなかった。ただ、人気が出なかった原因は、アニメ化の手法にもあったと山崎さんは見る。

企画部の先輩が担当していたのですが、スポンサーから注文がついた。「バカボンは何でかすりの着物を着ているのか」とか、「バカボンのパパの職業は」とか。赤塚さんのギャグは、いいかげんさが面白いのに……。仕方なく、バカボンはランドセルを背負って小学校に通っているることにし、パパは植木屋にしたんだけど、そんなきちっとした設定で赤塚ギャグを薄めたのが失敗でしたね。

ギャグの神髄が視聴者の理解を得たのは、再放送後のこと。リメイク版「元祖天才バカボン」（七五年一〇月‐七七年九月）を担当した山崎さんは、思いきりはじけた。

前作では破天荒さがなかったため、今度はそこを思いっきり膨らませた。原作にないギャグも「赤塚さんならこうやるはずだ」と想像を膨らませ、自分のアイデアも盛り込んだ。声優さんがアフレコの途中で笑い出してしまうほどでしたよ。

「元祖」は人気を集めたが、制作費がかかりすぎた。作れば作るほどムービーは赤字。社長の藤岡豊が起死回生をかけたのが、次作「家なき子」（七七年一〇月－七八年一〇月）だった。

日本テレビの開局二五周年記念作品でした。局も力が入っていて「リアリティーを追求したい」と言うので、僕はスタッフを連れてフランスに取材旅行をし、背景担当者が各地でスケッチをした。だから、アニメ中に登場する風景は、すべて実在します。主人公・レミが育つシャバノ村は、ある翻訳者によると架空の村とされていたけど、実はこの話はフランスの子どもに国の地理を教えるために書かれた作品なので、必ず存在する。シャバノ村は、付近のフランス人さえ知りませんでしたが、探し当てました。陸軍の演習場になっていて立ち入り禁止でしたけどね。

実在するのは、風景だけではない。

パリのシャンゼリゼ通りで、下校中の子どもを見て「あの男の子、レミにどう？」という話になり、スケッチしてもらった。だから、レミもパリの実在の子をモデルにしているのです。

やなせたかしが語ったアンパンマンの〝ヒーロー性〟

山崎さんが東京ムービーで最後に手掛けたのは、「それいけ！ アンパンマン」（八八年一〇月 - 現在）だが、企画段階では天才的な感性でヒット作を生んできた社長の藤岡豊も戸惑った。

「アンパンマン」は幼児雑誌に長期連載され、子どもに夢を与えるというアニメの原点に返るには、ぴったりだと思った。でも、企画書をアメリカ出張中の藤岡さんに送ると、「主人公が自分の頭を食べさせるというのは気持ち悪い。やめた方がいい」と言うのです。

その設定をアニメでやめていいかどうか。原作のやなせたかしの答えは「ノー」だった。

やなせさんは、「僕の考えるヒーローは、ただ子どもを助けるだけではダメ。その子がおなかをすかせていたら、体の一部でも食べさせてあげるのが真のヒーローです」と言う。僕はこの話に感動し、藤岡さんにも納得してもらって、企画はようやく実現した。……何のことはない、アンパンマンは今や日本アニメの代表的キャラクターです。

著書『テレビアニメ魂』（講談社現代新書）では、経験に裏打ちされた持論を展開する。

テレビアニメは、ドラマが大事。そのためには、キャラクター設定はしっかりしていないといけない。なぜか。葛藤《かっとう》が起こらないからです。二つの正反対の性格が、憎み合ったり愛し合ったりしてドラマが起こる。その最たる例が「宝島」（七八年一〇月-七九年四月）。原作はドラマが浅くて面白くない。だから、僕は設定をすべて変えた。悪党の海賊シルバーを、少年ジムがあこがれるかっこいいお兄さんとした。シルバーを〝太陽〟とすれば、正反対の〝月〟に当たる人物が必要と、原作ではちょい役のグレーをナイフ使いの名手にした。この二人のギャップを埋めるため、カモメのパピーを加えた。こうやって構築したから、コクがあるのです。

半面、今のアニメは物足りなく見える。

キャラクターの性格設定があいまいで、ドラマの作りようがない作品が目立つ。なぜ原作があるのに、アニメでシナリオが必要なのか。例えば、原作漫画でページの見開きを使って見せるシーンなら、アニメではシナリオで詳しく書いて時間を稼ぎ、そのシーンを印象づけねばならない。原作に忠実であるために、ある部分は作らなければならない。だから、シナリオが必要なんです。基本は幼児がどこを面白がるか見極めること。ドラマをしっかり描けば、子どもが離れていくことはありません。

（二〇〇六年六月一日、八日、一五日掲載）

山崎敬之（やまざき・けいし）

一九四一年、東京都生まれ。早稲田大学第一文学部卒業。出版社勤務を経て、東京ムービーに入社。以後、主にテレビアニメ作品のシナリオ制作に携わる。担当した作品は「巨人の星」「怪物くん」「六法やぶれくん」「新・オバケのQ太郎」「赤胴鈴之助」「ど根性ガエル」「柔道讃歌」「はじめ人間ギャートルズ」「元祖天才バカボン」「家なき子」「宝島」「ベルサイユのばら」「おはよう！スパンク」「じゃりン子チエ」「とんでモン・ペ」「それいけ！アンパンマン」など。九〇年、退社してフリーに。

出﨑統

「止め絵」という革新的演出術

「あしたのジョー」でリアルな若者像を描く

その漫画のアニメ化の話が舞い込んだ時、アニメ監督・出﨑統さんの創造欲は猛烈にかき立てられた。

僕は原作の「あしたのジョー」を読んで、アニメは子どもだけのものではないと考える自分にぴったりだと思っていた。そこが見込まれたのかどうか。制作前、スタッフに「おれたちがこれから作る作品は、ニュースや映画と並び立たねばならない。実写に負けない迫力のある画面を作ろう」と言いました。実は「巨人の星」が原作はハードな劇画調なのに、アニメの画面はかなりソフトでがっかりしていた。ジョーが「どう生きるのか」にしびれていた僕は、若者のリアリティーをアニメでどこまで描けるか、やってやろうと思ったのです。

漫画家志望の高校生だった。在学中から貸本漫画で作品を発表するほどの実力だったが、テレビが登場すると貸本漫画の出版社はあっという間に消えていった。仕方なく電機メーカーに就職した出﨑さんが再び夢を託して転職したのが、手塚治虫の虫プロだった。

最初は「また絵が描ければ」程度に思っていたけど、バイトで東京ムービーの「ビッグX」（六四年八月・六五年九月）の絵コンテを描いて、その作業が漫画に近いと知って、はまっていった。そのバイトがばれ、虫プロは一年で辞めることになったけど、手塚先生は「アトム」制作の下請けを許してくれた。当時、動きで見せるフルアニメはあこがれ。だけど、それとは違う映画的な〝切れの良さ〟を、コマ数を削って省力化したリミテッドアニメに感じていた。一つの映像言語と見ていた。そのせいで「おれたちが作るのはディズニーみたいな漫画映画じゃない。自分たちのために作ろう」と、アトムを若者のように苦悩させたりした。手塚さんからは、

「子ども向けなんだから、もっと楽しくやってよ」と言われましたけどね。

初の監督作品「あしたのジョー」（七〇年四月・七一年九月）で、徹底的にこだわったのは〝月曜日のジョー〟を描くことだった。

ジョーがリングにいない時を大事にした。原作に書かれていない、例えば、独房で一人の時、ジョーは何をしていたんだろうと想像し、人物像を肉付けしていった。まるでジョーが生きて存在しているかのように……。僕の場合、絵コンテが描けない時はイメージが定まっていない。こうやって〝感じて〟いかないと、少なくとも見る者の目を引くパワーは出ない。これが今も僕の基本です。

「止め絵」の演出で視聴者を魅了

「あしたのジョー」の制作前、出﨑さんはスパーリングを見た。

単なる練習なのに、骨と骨がぶつかる音がすごい。殴られた方は涙を流しながら、こんちくしょうと打ち返す。弱いやつが強いやつにやられるのがボクシング。殴られることで人間の尊厳が打ち砕かれていく。本能的なスポーツの強さに、「こいつはすげぇ」と思いました。

だが、表現手段は動きを省略したリミテッドアニメ。出﨑さんはその不利を利点に変えた。「止め絵」である。

ある瞬間のこの表情を印象づけたいと思った時、流れを押しとどめることで、それができる。ただ止めるのではなく、動きや表情の〝途中〟を見せるのです。止めるからには、いい絵でなければならない。ジョーが力石と対決するシーンでは、「油絵のように描いて」と無理な指示をした。スタッフは「えっ」という顔をしたけど、やってくれた。何か通じるところがあったのでしょうね。

ジョーと力石の姿が、筋肉の形まで脳裏《のうり》に焼き付いているのは、この〝出﨑調〟と呼ばれる演出のたまものだ。だが、独特の演出がすぐに理解されたわけではない。「エースをねらえ！」（七三年一〇月‐七四年三月）は本放送時、低視聴率に泣いた。

だけど、再放送を繰り返すうちに視聴率が上がっていった。メッセージがじんわりと伝わっていったんですね。何度も、しかも世代を超えて見てもらえる。作り手にとって、これほどうれしいことはない。ルパンやガンダムも本放送時は成功していないけど、世代を超えた財産となった。この財産のおかげで、今のアニメがあるのだと思う。

画面を上下や左右に分割してテニスのスピード感と人間関係を同時に描き、物語を深みのあるドラマにした。ただ、出﨑さんなりの裏ストーリーもあった。

制作前、テニス年齢は限られていて、高校時代に才能がある選手でも、社会人になるころには体がボロボロなことも多いと知った。素人の岡ひろみに追い抜かれていくお蝶夫人が、まさにその存在。彼女の季節を過ぎたチョウのような悲しさに惹かれた。僕は、お蝶夫人がコーチの宗方仁を好きだったに違いないと思っていて、宗方が死んだ時「みんな岡ひろみが最も悲しんでると思うだろう。でも、一番泣いているのはお蝶夫人なんだよ」と言った。みんな「ええっ」と驚いていましたが……。

独特な〝出﨑調〟演出の秘訣

出﨑さん演出の魅力は、独特の作品解釈にもある。前任者の降板により第一九話から担当した「ベルサイユのばら」（七九年一〇月‐八〇年九月）では、フランス革命を大河ロマンとして描いた原作を一市民の視点から読み解いた。

オスカルの目線ではなく、自分たちと同じような平民出身のアンドレの目で見ようと思ったのです。アンドレの必死な姿に、貴族出身のオスカルが惹かれていくはずだと……。歴史上もそうなったけど、僕にはまず人間として、貧しいものの弱いものを切り捨てていいのかという思いがあった。革命に翻弄《ほんろう》され、流されながら夢を見る二枚の葉っぱとして、アンドレとオスカルを描きたかった。

そんな出﨑調演出の秘密が身近にあった。

何年か前、初めて歌舞伎を見てびっくりした。どんな脇役でも一度は見得《みえ》を切らせるなど、見せ場を作っている。「あっ、おれがやってきた演出はこれなんだ」と思った。歌舞伎と同様、ヨーロッパの映画は、どんな脇役でも「彼は何をしてここまで生きてきたんだろう」と思わせる。アメリカ映画にはないこういう演出は、舞台に立つ役者の気概が生むシチュエーション。これは突き詰めれば、シェークスピア劇にまで通じるのではないでしょうか。

シリアスな作品が多い印象だが、「はじめ人間ギャートルズ」（七四年一〇月‐七六年三月）などギャグものも多い。作品のより好みはしない。

ギャグアニメも、取り組み方は同じです。僕は、監督してみたい作品はあるけど、新たな作品と出合った時の方が生まれてくるものが大きいし、面白いと思っている。自分の新しい面や可能性も見えてくる。その時々で震えながら仕事をやっていくことが、臨場感として得がたいと思うのです。

個々の作品に命をかけて挑む。それは「ジョー」から変わらない。

「雪の女王」（〇五年五月‐〇六年二月）で毎週一本ずつ絵コンテを書いていたら、一〇キロ以上もやせ、五メートル歩くのにも苦労するほどになった。このままでは三五話のテレビシリーズが、二十数話で終わってしまうと感じた。その時、初めて「仕事をちゃんとやるために体を治さなきゃ」と思った。診断は重度の糖尿病。病院へ通いながら必死で絵コンテを描き続け、シリーズを完成させた。今では体も良くなりましたが、きっと仕事が病気と闘わせてくれたんですね。

（二〇〇六年七月一三日、二〇日、二七日掲載）

出﨑統（でざき・おさむ）

一九四三年、東京都生まれ。学生時代には貸本漫画家として作品を発表。六三年に虫プロダクションに入社し、「鉄腕アトム」の原画担当になる。「あしたのジョー」で初監督。七二年にアニメ制作会社「マッドハウス」の設立に参加。「エースをねらえ！」「ガンバの冒険」「家なき子」「宝島」など多数の作品で監督を務める。八〇年、マッドハウスを離れ、「スタジオあんなぷる」を設立し、「ＳＰＡＣＥ ＡＤＶＥＮＴＵＲＥ コブラ」「ゴルゴ13」などを監督。「おにいさまへ…」で手塚プロダクション制作作品にかかわり、九三年からＯＶＡ「ブラック・ジャック」を手掛ける。〇〇年代には美少女ゲーム原作「ＡＩＲ」、劇場版「ＣＬＡＮＮＡＤ」など、新境地となる作品を監督した。一一年、逝去（享年六七）。

九里一平

「タツノコプロ」を兄弟と設立

素人三兄弟でアニメプロダクション立ち上げ

京都で挿絵画家として活躍後、上京した長兄・吉田竜夫に呼ばれ、次兄・健二とともに東京に出てきた九里一平（本名・吉田豊治）さんは「鉄腕アトム」を見て、メルヘンにすぎなかったアニメが手の届く夢に変わるのを感じていた。

両親を早く亡くし、家計は八歳上の竜夫が支えていましたが、漫画は兄より私の方が先にデビューして、収入は高卒の公務員の初任給の倍にもなった。だから、自分が資金源になればアニメができるのでは、と思ったのです。手塚治虫さんは一人だけど、こっちは三人いるじゃないかと……。

漫画の版権管理をしようと、一九六二年に設立したタツノコプロに、東映動画からアニメの企画が持ち込まれたのは、その二年後。題材は九里さんのSF漫画「宇宙エース」だった。

引き受けたものの、制作会社側はキャラクターなどすべての著作権をそちらに売り渡さないとダメと言う。その値段が安く、どうしても折り合わない。制作に取りかかる直前、アニメ班が制作会社で団結式を開いていたその日、涙をのんで「やめよう」と決めました。

その後、「エース」を独自制作すると決めたが、素人がゼロからアニメのシステムを立ち上げる無理が、丸ごと九里さんにのしかかった。

タツノコはまだ無名で、取引先は現金決済を要求してくる。もっと稼《かせ》がなきゃと、週刊誌三誌、別冊付録、月刊誌の仕事を同時にこなし、三日間寝なかったこともある。一年後、ようやくスポンサーが決まりましたが、その後も設備投資の費用は膨らみ、借金は最高で一億円にも達しました。

「宇宙エース」の成就後、注目したのが、同時期の富士スピードウェイの開業だった。

これからはレースの時代だと、少年画報の連載「パイロットエース」の設定を基に、車のデザインや機能を一新したのが「マッハGoGoGo」（六七年四月‐六八年三月）です。実はマッハ号に七つ道具を搭載《とうさい》したのは、主人公に武器を持たせないための苦肉の策。アメリカに売ろうと思っていたので、向こうでは許されない暴力シーンを避けようとしたのです。マッハ号が地味な白色になっちゃったのは、マッハ号の色がなかなか決まらない中、初のカラー作品だったので、他の部分にやたらと色を使ってしまったから。最後に残ったのが白だけだったのです。

〝オリジナル志向〟が多彩なヒット作を生む

SF、アクション、ギャグ、メルヘン……タツノコプロが生んだヒットアニメは実に多様だ。九里さんがこだわり続けたのは、〝タツノコ・オリジナル〟だった。

テレビアニメが流行すると、放映後、そのアニメが漫画として雑誌に載ることが増えてきたけど、それがシャクで仕方がない。完全にテレビ向けの原作があってもいいではないか。アニメをやるなら、テレビ主体の原作でいこう……当初からそう考えていました。

作品の原作者名は、ほとんどが長兄の吉田竜夫。だが、想像力の源泉は兄弟の結束にあった。

アニメの企画は当初、僕ら三兄弟と（タツノコ所属の漫画家）笹川ひろしさんらがアイデアを出して決めた。最終的な決定権は竜夫にありましたが、物語の展開などをめぐって議論になると、兄は僕らの意見もよく採り入れてくれた。だからこそついていけた。実際には僕のアイデアによる作品もありましたが、兄弟だし、僕は楽しく絵を描けたし、原作者は長男でもある竜夫でよかった。

オリジナルだからこそ、時代の空気を敏感に読むことができた。

「昆虫物語 みなしごハッチ」（七〇年四月‐七一年一二月）の時は、受験競争の激化で詰め込み教育が社会問題化していた。子どもが虫と接するのも、昆虫採集して標本にする時だけ。だから、自分が標本の虫のようにピンを刺されたらどんな気持ちがするだろう、自然に対する思いやりを育ててもらおうと企画しました。発想の元は「ファーブル昆虫記」。そのままでは面白くないけど、タガメが血を吸ったり、アリジゴクがウスバカゲロウになったりする昆虫の宿命を、人間に置き換えるとドラマになる、と思いついた。

同時期、仕事に追われる父親たちにささげたのが、太平洋戦争中の決断の局面を描いた「決断」（七一年四月 - 九月）だ。アニメによる初のドキュメントだった。

軍隊で言えば少佐、中佐くらいが社会を担っているのだから、上司たるものは決断力がなければならないと伝えたかった。監修の作家・児島襄《のぼる》さんの意向で、物語は史実に基づき絵もリアルさが求められましたが、デッサンの基本ができているスタッフは少ないから大変でした。ただ、おかげでリアルな絵でもアニメにできる感触を得た。次作「科学忍者隊ガッチャマン」（七二年一〇月 - 七四年九月）で、この経験が生きたのです。

再び漫画創作の道へ

九里さんがプロデューサーとして取り組んだ「ガッチャマン」は、タツノコプロの総力を結集した大作だった。

いよいよSFブームが到来したと、意気込んで企画しました。SFものというと、SF考証に走ってしまうきらいがあるけど、それだけだと映像的にも冷たい感じがして飽きられてしまう。だから「血の通った人間を描こう」と、登場人物五人の結束を描くことにしたのです。本来、タツノコはアクションが大好き。動きがあって、かっこいいヒーローものを思いきりやることができて、これまでの不完全燃焼が一気に解消できましたね。

長兄の竜夫さんと九里さん本来の持ち味の、劇画タッチでリアルな人物造形。緻密《ちみつ》なメカデザイン。そして滑《なめ》らかな動作。三〇分の番組でセル画三〇〇〇枚という当時のテレビアニメの常識を、打ち破る出来栄えに魅了されたのは、男の子だけではなかった。

セル画は一本につき最高で六〇〇〇枚、平均四五〇〇枚は使いました。女子学生のファンも多く、大人まで夢中になって見ていました。僕らは子ども向けのアニメを作っているつもりだったのですが、子どものおもちゃを大人が取り上げて見ているうちに、自分が面白くなってしまった、という感覚でしょうか。

七七年に竜夫さんが早世。そのショックにも兄弟の結束は固かった。「タイムボカン」シリーズを大ヒットさせるなど、タツノコの栄光の軌跡は次兄・健二さん、九里さんが引き継いだ。その後、〇五年、同社のほとんどの株を大手玩具メーカーのタカラ（現・タカラトミー）に売却。社長だった九里さんも退任した。

誰にも制約されずにやりたい、人に認められなくてもいいから達成感を得たいと、あらためて思ったのです。アニメが忙しくなってから、僕は漫画を描かなくなったけど、売れなくてやめたわけではなかった。「やる気さえあればできたのに」と、今になって残念に思う。

〇四年、少年時代を過ごした京都の風景を描いた『京の夢、明日の思い出』（講談社）を出した。

アニメは今後も、宮崎駿さんのような優れたキャラクターと世界観を持った天才が登場した時に、新しい花が咲くでしょう。アニメとは、架空の世界にリアルを作ること。表現の可能性は無限なのですから。

（二〇〇六年四月一三日、二〇日、二七日掲載）

九里一平（くり・いっぺい）

一九四〇年、京都府生まれ。本名は吉田豊治。五九年に漫画家デビューし、六〇年代には多くの漫画を発表。六二年、「竜の子プロダクション」を三兄弟で設立すると、作画のほか、プロデューサー・企画・監督などを務め、「科学忍者隊ガッチャマン」「昆虫物語みなしごハッチ」「新造人間キャシャーン」「タイムボカン」シリーズなどを生み出す。八七年より第三代社長に就任。〇五年に退任して以降は、再び漫画を執筆するなど活動する。

笹川ひろし

タツノコアニメはSFもギャグも

タツノコプロ設立のキーマン

漫画スタジオだったタツノコプロを日本有数のアニメ制作会社にしたキーマン・笹川ひろしさんがアニメに興味を持ったのは、手塚治虫のもとでアシスタントを務めていた当時、漫画の締め切りに追われる手塚が、足繁く東映動画に通うのを知った時だった。

忙しいのに「西遊記」制作のためにこっそり出ていく。それを見て「これからはアニメか」

てたんです。

と感化された。その後、私は漫画家として独立したけど、月刊誌の廃刊が相次いだこともあって、そのころ知り合った吉田竜夫さんに「アニメもいいですね。やりませんか」と盛んに言ってたんです。

やみくもにそそのかしたわけではない。独特の「工房スタイル」が、アニメに応用できるとにらんだのだった。

タツノコプロは、吉田三兄弟（竜夫、健二、九里一平）と数人のアシスタントで分業されていた。ストーリーを書く人、主人公を描く人、背景を描く人などがそれぞれ決まっている。手塚先生が背景まで自分で描くのとはまったく違っていた。

笹川さんの誘いに乗ったタツノコプロに、東映動画が「宇宙エース」のアニメ化を持ちかけたが、条件面で折り合わず、制作直前に決裂した――と、九里一平さんの回（P160参照）で記した。吉田三兄弟にとっては苦渋の決断だが、タツノコのために東映動画でアニメ制作を学んでいた笹川さんには甘いささやきが待っていた。

「こっちで演出やりなよ」と東映動画から誘いがきた。ギャラもいいし、ぐらぐらっときた。しかもタツノコではこれから制作体制を作らなきゃならないのに、東映動画では明日から演出できる。でも、これで竜夫さんと「さようなら」でいいのか。眠れない日が続きましたが、最後に「竜夫さんとやろう」と決めた。あるんですね、ああいう人生の岐路が……。

苦労の末、アニメ制作を軌道に乗せてからも悩みは尽きなかった。

竜夫さんは自分の劇画ふうのキャラをアニメにしたがった。でも、どう見てもアニメ向きではないし、私も漫画家として、なんで他人の絵をマネて描かなければならないのかと複雑な思いもあった。だけど一、二年経って、「自分はアニメ監督であって漫画家ではない。映画として考えるべきなんだ」と気づいた。キャラを役者として、お客さんを喜ばせればいいのだと……。竜夫さんが「『紅三四郎』（六九年四月-九月）をやってくれないか」と言い出した時は困ったけど、自分が演出したのを見ると、こんなのが作れるのかと思うほどいい出来の時があるんですよ。

SFとギャグを融合させる

タツノコプロが次々とオリジナルのヒット作を世に出した七〇~八〇年代。その源泉となった企画会議で、笹川さんは自分のアイデアを惜《お》しげもなく注いだ。

会議は、先に言った人の〝早い者勝ち〟でしたね。「こういうのどう?」「ああ、面白いね。いってみようか」というノリです。ただ、いつも思い通りにいくわけではなく、超能力を持つ魔犬が活躍する私の漫画「魔犬五郎」を提案した時は、採用されたものの、デザインを変えて「新造人間キャシャーン」(七三年一〇月‐七四年六月)のロボット犬・フレンダーになってしまいました。

アニメ化する題材は、ほんのきっかけ程度でも構わなかった。

ある日、竜夫さんが自分の娘さんが描いたカエルの絵を持ってきて、「この絵、面白いから何とかならんかね」と言う。「やってみましょう」と、できたのが「けろっこデメタン」(七三

年一月 - 九月）でした。企画会議に参加しているのはみな作家。何がウケるのかはピンとくる。ダイヤの原石を見極める目は持っていたんですね。

そして、笹川さんのセンスが発揮される時がきた。SFとギャグ。水と油と思われていた分野を一つにしたのだ。

タイムマシンを使って、善玉と悪玉が追いかけっこをする「タイムボカン」（七五年一〇月 - 七六年一二月）は、私が温めていた企画でした。この第一作は、博士を探す主人公と、その邪魔をする悪玉トリオというストーリーを重視し、意外とまじめでした。でも、作っているうちに面白くなってきた。「もうちょっと遊ぼうか」と、悪玉がお宝を入手するのを主人公が邪魔するよう、設定をひっくり返したのが「ヤッターマン」（七七年一月 - 七九年一月）です。

三悪は毎回、ドクロストーンを手に入れそうになるが、寸前でヤッターマンに阻止され、ドクロベーから「おしおきだべぇー」と懲《こ》らしめられる。徹底したマンネリをとぼけたギャグが引き立てる。視聴者から高い支持を得ると、現場もヒートアップしていった。

ギャグを入れると、どこかストーリーを省《はぶ》かなきゃならない。脚本家からはよく「なんでこの名セリフを切ったんだ」なんて怒られました。私は「勘弁してください」とか言いながら、独断で切ってましたが……。視聴率が上がると、表現もどんどんエスカレートしていった。三悪が爆破された後、ドロンジョの肌がちらりと見えるのですが、その見え具合も過激になっていく。抑えるのに必死でしたよ。

かつてアシスタントをした手塚治虫への思い胸に

笹川さんの出身は、会津漆器で知られる福島県会津若松市。漆塗《うるし》り職人となり、漫画家の夢をあきらめかけていた笹川さんがこの道に進んだのは、大ファンの手塚治虫から誘いがあったからだ。専属アシスタント第一号となった笹川さんが知る手塚の胸中は、世間の見方とは異なる。

手塚先生は、代表作が「鉄腕アトム」と言われると、さほどうれしくないんじゃないか。「私にはもっと見てもらいたいものがあるんだ」と内心思っていたのでは。例えば「火の鳥」の構想を膨らませ、タツノコの絵でアニメ化していたら……。

笹川さんが残念がるのは、圧倒的な人気を得た手塚漫画だが、アニメ化する際には、表現上の足かせになったかもしれないと感じるからだ。

手塚さんのアニメには漫画と同じように、いきなりヒョウタンツギが出てくるギャグがある。でも、それを見た子どもたちは、「なんであんなのが出てくるの」と不思議がった。そこで「漫画と映画は違う」と気づいた。映画としては手塚さんの絵よりも、タツノコのリアルなキャラクターの方が向いている。手塚さんのアニメは面白いけど、どこか漫画。「アトム」のヒゲオヤジと「ガッチャマン」の南部博士とでは、同じ話をしても説得力がまるで違う。

タツノコプロのディレクターとして、東京工科大学との産学協同プロジェクト・関西空港展望ホールのマスコット「スカイキッズ・ブービィ」のアニメを手掛けた。デジタル技術によるアニメ制作を受け入れつつ、違和感もある。

私が指導した通りに作品ができ上がってくるので、アニメ監督としての仕事に変わりはない。ただ、今のアニメは個々の専門分野に分化されてしまった感じがする。私の時代は絵コンテからすぐ原画を描いたけど、今はその前にレイアウトがあり、そのレイアウトをチェックする人

笹川ひろし　タツノコアニメはSFもギャグも

もいる。部署ごとに細かく担当者がいて、やりとりに膨大な時間をかける。いい作品は生み出されているけど、私には段取りばかり多く見えてしまう。

実は、まだやり残した企画がある。

主人公たちがタイムスリップして原始時代に行ってしまう。彼らは原始の素材を使って、奇抜なメカを作り出して敵と戦い、現代に戻ろうとする。かつて企画書を出した時は通りませんでしたが、コンピューターグラフィックスを使って作ったら面白いと思うんですけどね……。

（二〇〇六年九月一四日、二一日、二八日掲載）

笹川ひろし（ささがわ・ひろし）

一九三六年、福島県生まれ。手塚治虫に漫画を投稿し、初代アシスタントに抜擢される。独立後、吉田三兄弟が設立した「竜の子プロダクション」に創業時からかかわり、取締役兼演出部長となる。六五年、タツノコプロ制作アニメ第一作である「宇宙エース」にて初監督を務める。六七年の「マッハＧｏＧｏＧｏ」からは総監督として、「おらぁグズラだど」「ハクション大魔王」「タイムボカン」シリーズなどを手掛ける。一〇年、文化庁映画賞功労賞を受賞。

鳥海尽三

タツノコのストーリーとアイデアを支える

文芸課長として奇抜な発想をストーリーに

タツノコプロ初期のオリジナルアニメは世界観、物語、キャラクターとも実に多彩だ。原作者名は創業者の吉田竜夫がほとんどだが、虫プロ作品がどれも手塚治虫カラーが強いのと比べ、違いは際立っている。なぜタツノコは多様な作品を送り出すことができたのか。その鍵を握っていたのが、長くタツノコの企画文芸部長を務めた鳥海尽三さんだった。

映画の脚本家を目指して修業をしていましたが、映画の仕事は減っていた。そんなある日、妻が「今日は面接だよ」と言う。それが虫プロの入社面接でした。手塚さんからいきなり脚本を書かされ、あっさり合格した。「アトム」では何本か脚本を担当しましたが、虫プロでは手塚さんの作品しか書けない。それでは満足できないと思っていた時、タツノコがアニメ制作に乗り出したという話が入ってきたのです。

草創期のタツノコには、ストーリーを書く人材が皆無《かいむ》。映画、テレビの脚本で実績があった鳥海さんは入社するなり、文芸課長を任された。

制作中の「宇宙エース」は、僕が脚本を担当した九話から急に視聴率が上がった。ラッキーでしたね。以降、七七年に辞めるまで、オリジナルアニメの企画書はすべて僕が書きました。

鳥海さんの仕事は、奇抜な発想を具体的なドラマに仕上げること。親子愛が感動を呼んだ「昆虫物語 みなしごハッチ」の時は、実に唐突だった。

竜夫さんが「トリさん、昆虫で何かできない?」と言ってきた。僕は「できない」と言うのは嫌なので、いつも必ず「できますよ」と答えていた。受けてから、昆虫図鑑や「ファーブル昆虫記」を読んで必死に勉強した。母と子の絆を描こうと思ったのは、自分の母へのオマージュがあったからです。僕は北海道の出身。子どものころ、悪さをすると、父は怒ってデレッキ（火かき棒）を持って追いかけてきた。僕が母の胸の中に逃げると、母は身代わりになって父が殴るのをふくよかな体で受けてくれた。そんな母を、僕たち兄弟は観音様と呼んでいました。

「けろっこデメタン」では、ラフなスケッチを渡されただけだった。

悩んだ末、子ども同士の愛を描き、ロミオとジュリエットをやってやろうと思いついた。ただ……「デメタン」はどうしても僕の原作名にしたかったので、「原作を僕の名前にしてください」と訴え、そうしてもらいました。僕らスタッフの功績を認めてほしかったのです。

温泉旅行で企画詰める

具体的な設定やストーリー、キャラクターを創り出すため、鳥海さんが取った手法は、型破り

だった。

企画書を作る時には、僕はだいたいの設定をメモして狙いを決めておき、スタッフを四〜五人連れて箱根などの温泉に行く。飲み食いして楽しんだ後、あまり酔っぱらわないうちに企画の説明をして、「君はキャラクターを描いて。君はメカの設定をして……」と任せる。スタッフはそれぞれ自分の部屋で担当分を仕上げ、翌日、全体の読み合わせをする。それを帰宅後、僕が整理するのです。「みなしごハッチ」だけは一人で一晩で作りましたが……。こうしてできた企画書は一〇〇％、広告代理店からＯＫが出ました。

タツノコ作品それぞれの世界観、物語、キャラクターがどれも独創的なのは、スタッフの総合力が作品を生む原動力だったからだ。

多彩なオリジナル作品は、演出の笹川ひろしや原征太郎《しょうたろう》、美術の中村光毅や大河原邦男、キャラクターデザインの天野喜孝《よしたか》といった優秀な人間がいたからこそできた。僕はもちろん、みんなの「いい作品を作ろう」という意欲はすごかった。オリジナルシリーズの第一話は原作に匹敵するので、僕は必ず自分で脚本を書いていました。

企画を作る時、最も重視したのが、その〝固有性〟だ。

実写は役者がどんな役を演じようと、その役者の個性が反映される。でも、アニメはその企画に合った唯一無二のキャラクター。ここにアニメの独自性がある。「キャシャーン」は実写映画化されたけど、アニメを実写化してもまず成功しない。当然です。僕の企画は、アニメキャラクターとしてのキャシャーンを生かすためのもの。実写でやって面白いはずがない。

鳥海さんが手掛けた作品は次々とヒットしたが、企画の中心が鳥海さんと知ると、一部の熱狂的なファンが直接、連絡を取ってきた。

「新造人間キャシャーン」の放映時、プロダクションに若者がやってきて、「僕をキャシャーンにしてください」と言った。職場でいじめに遭っていて悩んでいたらしい。「ハッチ」では、ファンの女性が電話で、「ハッチはママに会えるんでしょうか」と聞いてきた。まだ結末まで考えていなかったので、「出会えるんでしょうねえ」と言ってごまかしました。続けて見てもらいたいですからね。

いい作品にはメッセージが込められている

七七年、吉田竜夫が亡くなると、鳥海さんはタツノコを退社した。以後、フリーで担当した多数のアニメ脚本で、思い出深いのが「装甲騎兵ボトムズ」（八三年三月‐八四年三月）だ。

アクションやロボットは、物語を作るための材料でしかない。それらを効果的に仕組むことが大切なのです。アニメのロボットは相当な重量のはずなのに、歩く道路が沈まないなど、リアリティーがない作品ばかり。そのロボットを単なる〝乗り物〟としたのです。

リアルロボットものの最高傑作と言われる本作のロボットは、高さ約四メートル。主人公はこれに乗って戦闘を繰り広げながら、失われた記憶に秘められた謎に迫っていく。

打ち合わせは、高橋良輔監督が「今度、女出してよ」と、アクションシーンなどを説明するだけ。ストーリーはこちらで全部考える。僕は脚本を一週間で仕上げる場合、五日間は何も書かずに頭の中で必死に考え抜く。六日目に案を箱書きにするんですが、一点でも引っかかると眠れない。その欠点に気づき、手直しして「これでいける」となると、また眠れない。脚本にしたくて仕方なくなるのです。それで七日目に一気に書く。

脚本が生むドラマの力を熟知している。だから、安易な現代アニメには我慢ならない。

かつてはコミックの出版社がアニメ化を頼んできたのに、今は制作会社から出版社に「この作品をアニメ化させてもらえないか」と頼みに行く。だから、アニメで使うコマやセリフも出版社のいいなり。こうなったら終わりです。制作費も安く、いいスタッフは集められないから、脚本を制作会社の社員が書くようになり、次いで広告代理店の社員が書き始め……いい作品が生まれるわけがない。僕らが作っている時には、作品に込めたメッセージがあったけど、それもない。海外でも人気の長編アニメなど、こけおどしにすぎない。異文化が珍しいだけでしょう。

ドラマの復権を目指して八八年に立ち上げたのが、脚本家の養成サークル「鳳工房《おおとり》」だ。月二回、課題に沿って脚本を書かせ、添削する。

今、海外で評判を呼んでいるアニメを、日本の文化などと呼んでほしくない。もっといいものを日本人は持っているはずです。上質なアニメとは、世界共通のメッセージが盛り込まれ、家族一緒に見ることができ、ドラマ性豊かなもの。そんな作品をもう一度作りたいですね。

（二〇〇七年六月二一日、二八日、七月五日掲載）

鳥海尽三（とりうみ・じんぞう）

一九二九年、北海道生まれ。日本大学芸術学部在学中から映画・テレビドラマの脚本を執筆する。六四年、虫プロダクションに入社し、文芸部に所属後、竜の子プロダクションに移り、「昆虫物語みなしごハッチ」「科学忍者隊ガッチャマン」「新造人間キャシャーン」などの企画・脚本を担当。退社後も、日本サンライズ企画部や竜の子プロ企画室に所属し、「ミスター味っ子」など多くの作品を手掛けた。〇〇年、日本シナリオ作家協会よりシナリオ功労賞を受賞。〇八年、逝去（享年七八）。

コラム
3 過酷なアニメ制作環境

近年、アニメに魅了されて日本を訪れる外国人も少なくない。香港の民主活動家で、日本語が達者な周庭（アグネス・チョウ）さんも、アニメ好きが高じて日本語を独学で学んだという。

国内の地上波テレビでは長寿人気作品と意欲的な新作アニメが放映され続け、アニメ映画でも新海誠監督の「君の名は。」（一六年）がアジアを中心に世界的なヒットになるなど、実績はまさにアニメ大国の名にふさわしい。だが、そうした名作を生み出してきたアニメ業界の労働環境はというと、とても心もとない。

二〇一〇年ごろ、都内に住む二〇代の若いアニメーターを取材した。すると、一カ月で動画を三〇〇枚描いて得た報酬は、わずか四万五〇〇〇円だったという。

業界入りした新人がまず担当するのは、動画だ。制作会社と契約し、仕事を回してもらう。収入は歩合制で、当時の相場は一枚二〇〇円前後だった。新人だと一日に一〇枚描くのが限度で、スタジオで仕事をしたために、スタジオ使用料を報酬から差し引かれ、三〇〇枚描いても、この程度の報酬しか得られなかったという。

このアニメーターは制作会社の社員では

なく、雇用関係がない個人事業主扱いなので、労働基準法や最低賃金法は適用されず、この低い報酬でも違法ではない。国民年金や雇用保険も自己負担。当人は、洋服を兄から譲ってもらい、食料を実家から送ってもらって何とか食いつないでいた。

日本のアニメ制作は、大手の制作会社から下請け、孫請けに外注され、末端はこのアニメーターのような個人事業主が支えている。若手は動画が上達すれば、単価が高い原画を任され、作画監督、演出などへとステップアップしていくのが一般的だ。

かつて動画は「一カ月に一〇〇〇枚描ければ一人前」とされたが、近年、より複雑な線を駆使するようになり、今は一カ月に五〇〇枚が限度。にもかかわらず、アニメーターは発言力が弱く、動画制作の単価を引き上げられない。他方、動画の多くが海外に発注されるようになった結果、若手が一人前になる前にアニメ業界を去ってしまうという問題が起きていた。

こうした現状に危機感を覚えたアニメーターやアニメ監督は〇七年、日本アニメーター・演出協会（JAniCA）を設立し、〇九年に労働実態を調査した。その結果、動画は一日平均一〇時間超の労働時間にもかかわらず、年収一〇〇万円に満たない人が半数以上を占めることなどが明らかになった。

この報告を受けた文化庁は一〇年、二億円余りの事業費で「若手アニメーター等人材育成事業」をスタートさせた。短編アニメ四本の制作を通じて、先輩から後輩へと実地に技術を伝えることができるオン・ザ・ジョブ方式を取り、アニメーターの作画期間を十分に確保しつつ、月一二万～一八万円の収入を保証する――などと定め、当初はJAnicAが受託、一五年度からは日本動画協会が受託して、現在も続いている。

同事業で制作された作品のうち、吉成曜監督作「リトルウィッチアカデミア」（一三年）は、続編やテレビシリーズも制作されるなど人気を集めた。制作環境さえ整えば、優良なアニメを送り出せる底力があることを示した。

同事業から一〇年以上経ち、アニメ制作をめぐる経済環境は改善されたのか。近年、米動画配信会社「ネットフリックス」が潤沢な予算を投じて、日本の制作会社と契約し、オリジナルアニメ制作に乗り出すなど、以前よりは需要が増している面もあるが、その効果は大手制作会社など、一部にとどまっているとの見方が大勢だ。

JAnicAなどが作成した「アニメーション制作者実態調査 報告書2019」によると、アニメ制作関係者三八二人の就業形態は、フリーランス五〇・五％、自営業一九・一％と合計で約七割を占め、正社員は一四・七％にとどまった。

年収（二〇一七年）は、全員を平均すると、日本人の平均年収とほぼ同じ四四〇万円となったが、これは、さまざまな現場に引っ張りだこの年収六〇〇万円超の層が一九・四％いることが影響しているためだ。年収三〇〇万円以下の層は合計で計四一・一％に上っており、二〇〇万円以下も二二・八％と、日本人の平均年収と比較しても、かなり低い収入の人が多数いることがわかる。

一カ月の労働時間は、日本人男性の平均が一八〇～二〇〇時間とされるが、アニメ業界は平均で二三〇時間と大幅に長かった。「労働時間が長い割に、報酬は低い」のが今のアニメ業界の実態だ。

こうした事情に加え、社会保障が充実した正社員が少ないせいか、老後の生活設計に不安を感じるかどうか聞いた設問では、「とても感じる」六〇・七％、「やや感じる」二三・二％と、合計で八割以上に上った。

同調査の回答者からは、「体調を崩したり、うつ病になる人が多い。フリーランスなので、働けなくなると社会保障もなく、収入も止まるため、無理をして働かざるを得ない」「特にテレビシリーズなどでは、報酬のわりに絵柄（デザイン）が複雑すぎて量産できない」「老舗でブランド力のある会社ほど体質が古く、単価は安くてカットの作業内容が難しい」などの悲痛な声が寄せられている。

日本がアニメ大国であり続けるために、こうした問題を国と業界が一致して解決に向けて取り組むことを願うばかりだ。

藤川桂介

「マジンガーZ」「宇宙戦艦ヤマト」の脚本家

巨大ロボットの先駆け「マジンガーZ」

日本アニメの方向を決定づける画期が訪れた。「マジンガーZ」（七二年一二月‐七四年九月）。巨大ロボット時代の幕開けである。人が乗り込んで操縦するという原作・永井豪の奇抜な発想は、その後のすべてのロボットアニメの原形となる。だが、この記念碑的作品のメイン脚本家、藤川桂介さんの筆を走らせたのは、そんな新奇性との出合いよりも、アニメに自己表現の可能性を見た喜びだった。

特撮では、水中シーンなら四話ほど〝水もの〟脚本を集めて、プールで撮らなければならない。ドラマでは、俳優の都合で撮影が一日で済む話にしなくては――とか、いろんな制約がある。そうした困難を工夫で越えていくのも楽しかったけど、「ムーミン」では制約が一切なかった。「こんな自由な世界なら、自分の夢が思いきり広げられる」とアニメに惹《ひ》かれていったのです。

だが、ドラマ「月曜日の男」で実力を認められ、円谷プロの特撮番組でヒット作を生み出した気鋭の脚本家にとって、アニメ業界は異質だった。

アニメは絵が中心という頭があるためか、アニメーターは大事にされる。でも、脚本家はまるで添え物。ドラマでは大事にされるのに、なぜアニメで差別されるのか。これを変えたい。そのためにはヒットを出さねば、と思っていました。

それが「Z」だった。漫画とテレビが同時進行のため、基になる物語がないオリジナル脚本が求められた。

当時は、永井さんから敵の機械獣の絵が送られてくるだけ。それを見ながらストーリーを考えるのですが、書いていて楽しかった。あしゅら男爵とか、キャラクターが面白いから生かしようが多いのです。最初は端役《はやく》だったボスも、私が喜劇的キャラとして作っていった。ノリにノッて続編の「グレートマジンガー」(七四年九月 - 七五年九月)を含め、全約一四〇本中、九十数本も書きました。

だが、時代の要請には逆らえなかった。

「Z」は「日本列島改造論」の田中内閣のころ、高度成長の絶頂期で、作中でも破壊する楽しさを描いた。でも、三木内閣になると、その反省から破壊はダメ。続編の「グレート」では戦っても壊すものがないよう、基地が富士山麓《さんろく》から伊豆沖へ移った。主人公も普通の高校生の兜《かぶと》甲児から戦いのプロ・剣鉄也になったけど、その分、物語は面白くなくなったと思う。最近、永井さんとも「あそこからつまらなくなったね」などと話しました。

藤川桂介　「マジンガーZ」「宇宙戦艦ヤマト」の脚本家

初の本格SFアニメ「宇宙戦艦ヤマト」

「マジンガーZ」のヒットにも、藤川さんはまだ満たされぬ思いを抱えていた。そこに、願ってもない話を持ってきた男がいた。

オフィス・アカデミーの西崎義展《よしのぶ》です。最初、特撮ものをやりたいと、私を訪ねてきました。その企画は実現しなかったけど、次に「大人向けのSFアニメをやりたい」と持ちかけてきた。それを聞いて、私は「チャンスがきた」と思った。当時、アニメは子ども向け番組とされ、社会的には映画やテレビドラマよりも下に見られ、脚本家の立場も低い。それが不満でならなかったのです。

さっそくSFについて調べた。

東京・神田の事務所で、ＳＦの評論家を五人ほど集め、私と西崎でアイデアを聞いた。しかし、どれも面白くない。彼らが帰った後、二人で思案していると、西崎が「軍艦の話をやりたい」と言う。そこで、私が「軍艦を海上に浮かべていても話は始まらない。空を飛ばさないと面白くないよ」と言ったのです。それが始まりでした。

「宇宙戦艦ヤマト」（七四年一〇月‐七五年三月）の原点である。本作をめぐっては後に、プロデューサーを務めた西崎と、当初のメカデザイン担当から、総設定まで役割を増していった松本零士がともに著作者を主張して裁判となり、〇三年「二人による共同著作」として法廷外で和解決着した。ただ、藤川さんをはじめ、一線級のスタッフの想像力が惜しみなく投入されたことが、本作の魅力をいっそう高めたのは間違いない。

それまでのSFアニメは、〝科学的要素を持ったファンタジー作品〟だった。それと比べ、「ヤマト」は大人も見られる初の本格SFアニメ。私は「この作品でアニメと脚本家を社会に認めさせよう」と夢中になった。夜八時ごろまで会議をした後、徹夜で脚本を書いた。それが楽しくて仕方がなかったですね。

本放映こそ視聴率低迷にあえいだが、テレビ版を編集して七七年に公開された映画は、ファンが映画館前に徹夜で並ぶほどの人気になった。アニメの影響力の大きさに、社会が初めて衝撃を受け

藤川桂介　「マジンガーZ」「宇宙戦艦ヤマト」の脚本家

た瞬間だった。

当時は管理社会が問題化し、サラリーマンも解放されたいという思いが強かった。そこで宇宙に向かって、科学を使って夢を広げていくという発想に、企画の狙い目があると感じていた。ヒットした背景には、そんな時代の気分があったのでしょう。

SFで家族の絆、兄弟愛を伝える

大学時代、ラジオドラマの脚本コンクールで入賞し、早くから才能を発揮していた藤川さんだが、卒業時は不況に泣いた。映画・放送関係の就職先はなく、父親と激しく対立した。

父は文学青年で、子どものころ、夕食後は必ず文学論になった。その影響から私も作家にあこがれていたのですが、父は文筆業の苦労を知っているせいか、とにかく就職しろという。困り果て、慕《した》っていた劇作家に相談したら、「会社勤めをしながら日曜作家になりなさい」と言う。屈辱《くつじょく》でした。それでは絶対に脚本家にはなれないと、決心して家を出た。父親からは勘当され、一時は日々の食事にも困るほどでした。

「ヤマト」以降、全体の構成も任せてもらえる仕事が来ると、新たな決意が芽生えてきた。

シリーズを通して時代を書いていこう、と思ったのです。家庭崩壊が社会問題化した時に手掛けた「六神合体ゴッドマーズ」（八一年一〇月‐八二年一二月）では、その思いが的中した。一見、SFアニメだけれども、実は気づかれないように、家族の絆、兄弟愛をテーマにしていたのです。

主人公マーズの兄・マーグが死んだ時は、実際に葬儀《そうぎ》が行われ、喪服の女性ファンが会場を埋め尽くした。SFを楽しみながら、兄弟愛に陶酔《とうすい》していたのである。ただ、ドラマが光ったのは、制作上の制約が作用したからでもあった。

スポンサーの要望で六体のロボットが合体する設定でしたが、作画監督は「これじゃ、とても動かせない」と怒り出した。私が彼を「最後の五分間だけロボットを動かすことにして、後はドラマでやろう」と説得してようやく収まりました。

藤川桂介　「マジンガーZ」「宇宙戦艦ヤマト」の脚本家

その後、小説「宇宙皇子」でライトノベルの新分野も開拓した。時代ごとに、新しい価値観に挑んできた藤川さんは、〇七年から京都嵯峨芸術大学（現・嵯峨美術大学）でアニメをはじめ、モノづくりを目指す若者の指導に当たる（＊二〇一九年まで）。それには理由がある。

今、アニメはキャラクターが中心になった。その結果、漫画家の発言力が強い。脚本家は原作漫画のコマをつなぐだけでＯＫと考える人が多く、オリジナリティーが減ってきた。これは望ましい状況ではない。漫画家はまずコミックで頑張る。脚本家はその原作を、映像でどれだけ生かせるかを考える。互いに協力し合って次の時代に何を残せるのかを、考えるべきだと思うのです。

（二〇〇六年一〇月五日、一二日、一九日掲載）

藤川桂介（ふじかわ・けいすけ）

一九三四年、東京都生まれ。慶應義塾大学文学部卒業。五八年に放送作家としてデビューして以降、テレビドラマの脚本などに携わり、特撮シリーズ「ウルトラマン」の企画段階にもかかわる。六九年の「ムーミン」からアニメ業界に参加し、「マジンガーＺ」「宇宙戦艦ヤマト」などの脚本を担当。その後、小説家へ転向すると、「宇宙皇子」シリーズがベストセラーとなり、同作はライトノベルの先駆けとなった。

中村光毅

美術監督として数多の名作を

ディズニーアニメで背景画のとりこに

一九五〇年代、課外授業で映画館にディズニーのアニメを見に行く小学校は少なくなかった。それを見た子どもたちは、みなキャラクターの動作や夢のあるストーリーのとりこになった。だが、後にアニメ美術監督となる中村光毅さんは、一人だけ違うところを見つめていた。

あんなアニメの背景を描けたらいいなあ、とあこがれていました。背景の世界がなかったら、白雪姫やシンデレラは何もできないな、などと思いながら……。もともと絵を描くことが好きだったからでしょう。キャラクターは平面だけど、背景は三次元。子どもながら、奥が深いと感じていました。

幸運なことに、中学校の先生が東映動画の社員と知り合いだった。彩色の補充社員として採用され、仕事の傍ら背景の基礎を学んだ。しかし、東映動画は層が厚く、若手には背景の仕事はなかなか回って来ない。

そんな時、タツノコプロが「宇宙エース」の制作に乗り出すことを知り、思い切って移籍しました。「エース」が背景を担当した最初の作品です。当時の背景は今ほどリアルではなく、場面が転換する時は具体的に描くけど、それ以外は平面的な絵で済ませていた。まだ経営が苦しいらしく、給料の遅配もあったけど、毎日が幸せでした。

第二作「マッハGoGoGo」では、膨大な作業量が待っていた。

三〇分もの一話だと、三〇〇～三五〇カットくらいで構成されている。普通のアニメだと、背景はそのうち二五〇枚くらい描く。でも、「マッハ」はレースもので場所が次々と変わるため、常に三〇〇枚くらい描く必要があった。すぐ後で、笹川ひろしさん原作の「おらぁグズラだど」（六七年一〇月－六八年九月）の制作も始まった。一〇人ほどのスタッフで、正味五、六日で一本分の背景を完成させるスケジュールで稼働した。忙しかったけど、いろいろ想像を膨らませるのは苦痛ではなく、楽しかったですね。

美術の仕事とは、キャラクターなど動くもの以外のすべてを描くこと。美術監督は、まずカットごとに室内の調度品や景色などの設定を描いた「美術ボード」を作る。担当者はそれを参考に、互いに矛盾がないように背景を描く。動作は省略できても、背景がないシーンは存在しない。

アニメ制作としてはマイナーな分野ですが、実はアニメ画面の九〇%は美術の仕事が占めているんです。

独創的で多様な画風は想像力から

農村、森、つり橋、都市……中村さんの背景集を見て驚く。同じテーマでも、画風がそれぞれ大

きく異なるからだ。写生のようなリアルなタッチがあるかと思えば、コミカルなタッチもある。とても一人の人物が描いたとは思えない。

タツノコの作品は、ギャグからシリアスまで幅広い。作品ごとの背景は、演出家と綿密に打ち合わせをして、その作品がどんな世界観なのかを詰めたうえで、リアルな感じとか柔らかい感じとか、絵のスタイルを決める。私の個性は……一般の人にはわからないでしょう。

多様な作風の源泉は想像力にある。

アニメ中では、どんな設定でもX国にしておく。そうすれば、間違えてトーチを左手に持つ自由の女神を描いてしまっても、「アメリカではなくX国だから」と言える。自分が描く背景は、資料などに基づくのが四割、想像力が六割ですね。

スケジュールに追われながらも、可能な限り正確な絵を目指した。

日本のアニメは元来、背景がていねい。一般の人が見てもわからないだろうという小さなミスまで直す。そのこだわりは、家庭用ビデオが普及すると拍車がかかった。熱狂的なファンが静止画で画面を調べ、手を抜いたところを指摘してくるのですから……。

巨大ロボットブームの中、七六年、メカデザイナーの大河原邦男と「メカマン」を設立して独立。リアルロボットものの先駆け「機動戦士ガンダム」を手掛けたが、その〝リアル〟は痛しかゆしだった。

話がリアルになってくると、遊びの部分がなくなっていく。「スターウォーズの世界を参考にして」と注文されたりして、独創性の働かせどころがない。宮崎駿さんの世界の面白さはこれと対極で、世界観もオリジナルなのです。だから、見る者が吸い込まれる。

完璧はないアニメーションの宿命

八〇年代、中村さんが美術を手掛けた作品は「うる星やつら」(八一年一〇月・八六年三月)、「世紀末救世主伝説 北斗の拳」(八四年一〇月・八七年三月)など、世界観が異なる作品がずらりと並ぶ。それをこなす中村さんの流儀はこうだ。

中村光毅 美術監督として数多の名作を

当時は次から次へと依頼が来て、作品を選ぶ余裕はなかった。私が断り下手なこともありますが……。多様な作品をこなすには、自分のペースにはめてしまえばいい。相手に要求されるままに描くのではなく、できることはOK、できないことはいやとはっきり言う。

アニメ美術に全身全霊を傾けてきたがゆえの「職業病」がある。

アニメを見ると、物語よりも背景を見てしまう。前のシーンで室内にあったソファが次のシーンで描かれていないとか、間違いを発見すると「ここは時間がなくてできなかったんだろうな」などと思ってしまう。背後にある人間ドラマが見えてしまうんです。

厳しい目は、自らの作品にも注がれる。いまだに完璧《かんぺき》な仕事はないと言い切る。

アニメーションの宿命ですよ。いつも消化不良で終わってしまう。監督はトータルで作品を見るから満足感を得られるのかもしれないけど、それぞれのセクションの人間は、全部について「これで良かった」と思える人はいないでしょう。どこか「もっとああすれば良かった」という心残りが常にある。私は、一つの仕事が終わると空しさすら感じてしまう。

その感触は、手掛けた仕事が創造性に富んでいたことの裏返しでもある。だから、最近のアニメには違和感も覚える。

リアルに加え、マニアックな作品が多くなってきて、想像力を働かせる場がますますなくなってきた。私ではギブアップという作品もある。かといって、美術の仕事が昔と比べて予算的、時間的に余裕があるわけでもない。今のやり方を続けられると、背景マンはみんなつぶれてしまう。

今、新たな時代の到来を待っている。

アニメ本来の面白さは、かつてあったように、荒唐無稽《こうとうむけい》な出来事とか、ドタバタ劇とか、見たこともない世界が表現できることだと思う。一〇年くらい後に、そんな作品がもてはやされるサイクルが戻ってくるのではないか。その時に、乗ってくれるスタッフを今、育てています。若い人は絵を描く力は持っている。ぜひそれが発揮できる作品と、もう一度めぐりあいたい。

中村光毅　美術監督として数多の名作を

（二〇〇七年二月二二日、三月一日、八日掲載）

中村光毅（なかむら・みつき）

一九四四年、東京都生まれ。東映動画を経て、六四年、竜の子プロダクション入社。タツノコプロ第一作の「宇宙エース」から美術を担当。「マッハGoGoGo」からは美術監督と同時にメカデザインを手掛け、メカニックデザイナーの先駆的存在となる。七六年、大河原邦男と「デザインオフィス メカマン」を設立。美術監督作品として、「科学忍者隊ガッチャマン」「機動戦士ガンダム」「うる星やつら」「風の谷のナウシカ」など多数。一一年、逝去（享年六七）。

大河原邦男

メカニックデザイナーの草分け

服飾デザインから、〝鉄〟ばかり描く二年

アニメや漫画に興味はない。とりわけロボットが好きだったわけでもない。日本初のアニメ・メカニックデザイナーとなる若者とこの業界との出合いは、実にそっけなかった。大河原邦男さんは振り返る。

美大でテキスタイルデザインを学んで大手の洋服会社に就職したのですが、背広のラインを

描くとか、納品を確認するとか、どうも面白くない。次の子ども服会社も違和感があった。結婚を機に、それなりの仕事をと考えた時、新聞でタツノコプロの募集を知ったのです。自宅から通えるのでいいかな、と……。自分が何をやりたいのかもわかっていませんでした。

だが、タツノコは熱かった。アニメを次々とヒットさせ、大作「科学忍者隊ガッチャマン」に挑もうとしていたのだ。

まだ新人でしたが、美術監督だった中村光毅さんから、「メカデザインをやってみないか」と誘われた。中村さん一人ではこなし切れないのと、小道具に凝りたかったようです。運が良かったですね。ただ、「ガッチャマン」の世界は〝鉄〟ばかり。敵キャラクターの鉄獣や乗り物など、動くもののすべてに加え、メカニカルな部屋の背景もデザインしなければならない。だから、参考になりそうなものは雑誌から美術書、チラシまで何でも見た。目から頭の中に刷り込み、必要な時に取り出せるようにしておくのです。これが二年続いたおかげで、メカデザインがわかってきました。

本作には、後に大流行するロボットの変形・合体につながる場面が多い。それが、大河原さんの

興味と共鳴した。

スチュワーデスがロケットに変形して飛んでいく場面では、どうすれば合理的に見えるのかなど、ずいぶん考えました。機械を分解して組み立てるのが子どものころから大好きで、工作の授業でも自分なりに工夫したりしていた。そんなアナログなモノづくりの経験が生きたのです。

折しも世間は巨大ロボットブーム。ただ、大河原さんがタツノコでロボットを手掛けたのはずっと後だった。

社長の吉田竜夫さんが、興味がなかったんです。初めて巨大ロボットが登場したのは「ゴワッパー5ゴーダム」（七六年四月‐一二月）ですが、これも当初、メカは岬洋子らゴワッパーの乗り物だけだった。スポンサーの玩具メーカーの要請で、基地ロボットとしてのみ、ゴーダムの登場が許されたのです。

「ゲッターロボ」で合体・変形モデルが脚光浴びる

巨大ロボットブームのさなか、新たな画期があった。「ゲッターロボ」（七四年四月・七五年五月）で、三機のマシンが合体・変形するというアイデアが爆発的人気を呼んだのだ。アニメに登場するロボットそっくりに合体・変形するおもちゃなら、必ず売れる——。玩具メーカーが色めき立つ中、大河原さんに注目が集まった。

アニメ制作会社からは、「これとこれを合体させて、こんなロボットに」という形でオファーがくる。僕は絵を描くのが面倒なので、ホオノキを材料に、実際に合体・変形するロボットのモデルを作ってしまう。好きだからそう時間はかかりません。それをメーカーに持っていき、責任者の目の前で合体・変形させる。商品価値を認めてもらえれば、アニメの制作はまずＯＫになる。アニメに使う絵は、そのモデルを見ながら描きました。

大河原さんの力は独立後、日本サンライズ（現・サンライズ）の作品を手掛けると輝きを増した。オリジナル第一作として計画された「無敵鋼人ダイターン３」（七八年六月・七九年三月／放映は第二

作「無敵超人ザンボット3」が先）では、ロボットに複雑な三段変形を実現させた。

サンライズの制作システムは独特で、まず主役のロボットが決まった後、物語が作られる。その間に、演出側が自分の思いを入れ込んでいく余地があるのです。ザンボットとダイターンが当たり、スポンサーは三作目も子ども向けアニメの制作に乗り気でした。ただ、制作側では、ひそかにもっと本格的な作品をやろうと言っていたのです。

第三作で構想されていたのは、地球の未来を予感させるリアルな世界。それは、スポンサーが望むロボット像と相いれない要素だった。

「機動戦士ガンダム」では当初、コアファイターをマッチ箱の内箱としたら、外箱にガンダムとガンタンク、ガンキャノンの三種類を補完できるというシステムでした。これでスポンサーからOKをもらった。でも、アニメ中ではガンキャノンとガンタンクは別のメカとなり、ガンダムもあまり合体・変形しない。スポンサーを騙《だま》したつもりはないのですが……そこが一番、おもちゃっぽい部分なので、監督の富野由悠季さんはやりたくなかったのでしょう。

スタッフの力を結集した「ガンダム」の試写会は感動的だった。

みんなあ然として、「すげー」と言っていました。これは当たる。そんな予感が走りました。

モビルスーツで兵器としてのリアル目指す

「機動戦士ガンダム」は、それまでヒーローだったロボットをモビルスーツという兵器とすることで、〝リアルロボット〟ものの先駆けとなったとされる。その「リアル」を、どう考えたのか。

ガンダムは、キャラクターデザインの安彦良和さんの元絵に、スポンサーから「もっとヒーローっぽくしてほしい」と注文がついてあれになった。僕はエンターテインメント性を大事にしたいので、理屈を考えるより、視聴者が見て「ありそうだな」と納得してくれるよう工夫する。工業デザイナーなら「こんな動作をするなら、この形でなければ」と内部構造から発想するけど、アニメのロボットのデザインは、アニメーターという動力で動くコスチュームと考えています。

「ガンダム」のリアルは、地球の人口が増大し、スペースコロニーに移住するといった状況設定の比重が大きい。大河原さんが考えるリアルが実現したのは、「装甲騎兵ボトムズ」（八三年四月‐八四年三月）だ。

人間が乗り込むタイプで一番小さく、誰が見ても大きさがわかるロボットをやりたくて、モデルを二、三体作っていた。そこへぴったりの話がきたので、モデルを見てもらったら、そのまま採用になりました。

同作でロボットは単なる兵器。搭乗時には人が乗り込みやすいよう、姿勢を低くする。

前作「太陽の牙ダグラム」（八一年一〇月‐八三年三月）でも、ダグラムがうずくまるけど、あのメカではそれは無理。考えたあげく、「腰アーマーの分割」によってうずくまる方法を思いついた。自分からやりたいと思ったのは、この一本だけですね。

人々を魅了するデザインのヒントは、実は日常にあるという。

西洋や東洋の伝統的な甲冑《かっちゅう》や民族衣装をアレンジするとか、空中で静止するメカなら圧縮空気で浮くとか、どこかで見たことがあるデザインや技術は誰が見ても安心できる。「ガンダム」の敵ロボット・ザクにも、僕が洋服会社時代に描かされた背広の線が随所に使われてます。

取材した部屋の隣室のドアを開けると、そこは〝モノづくり〟デザイナーの工場だった。

日本で初めてメカデザイン専業でやってきたからには、やれるところまでは何が何でもやり遂げる。でも、その後は気ままに生きたい。実用的なデザインもやりたいですね。自宅でアルゴン溶接からプラズマ切断までできる。これで作れないものなんてありませんから。

（二〇〇六年一〇月二六日、一一月二日、九日掲載）

大河原邦男（おおかわら・くにお）

一九四七年、東京都生まれ。東京造形大学卒業。オンワード樫山、おとぎの国を経て、竜の子プロダクションに入社。「科学忍者隊ガッチャマン」でデビューして以降、メカニックデザイナーとして活躍。七四年にタツノコプロを退社し、中村光毅と「デザインオフィス メカマン」を設立。七八年にフリーに。参加作品に「タイムボカン」シリーズ、「機動戦士ガンダム」シリーズ、「装甲騎兵ボトムズ」シリーズなど多数。

富野由悠季

「機動戦士ガンダム」の挑戦

本気で常識を覆す、嘘八百のリアリズム

数ある巨大ロボットアニメの中で、「機動戦士ガンダム」（七九年四月・八〇年一月）ほど長期間、高い人気を保ち続けている作品はない。ロボットを兵器の一種に格下げし、人間ドラマを中心に据えたことによって、ヒーローものだったロボットアニメの系譜は、大きな転換点を迎えることになった。前史は静かに始まった。巨大ロボットブームの折、「勇者ライディーン」の話が富野由悠季さんの元にきた。

「マジンガーZ」の制作現場はよく知っていたけれども、ついにおもちゃ屋がひっついたような作品を漫画家がやるようになったのか、と嘆いていました。アニメ制作におけるビジネス先行の構図が鮮明に見えてきたわけですから。「ライディーン」の話も違和感があった。だけど、僕はテレビ屋。週一ペースで三〇分枠を埋めろと言われたら、やってみせる。

だが、その意気込みは苦い経験で絶たれる。

「マジンガー」にはない設定をと、ピラミッドパワーでロボットを動かすことにした。ところが、一話の作画が終わった段階で、局から「子どもたちがユリ・ゲラーをマネて問題になってる。超能力は一切ダメ」とつぶされた。途中で軌道修正したけど、作品中で嘘をつくことがこんなにつらいとは……。結局、一クールもしないうちにクビになりました。この時、アニメという嘘八百の世界でも、一度設定したものは変節してはいけないと思い知った。この経験のおかげで、嘘八百のリアリズムを作ることに関しては本気になりました。

屈辱に沈んだ富野さんに次の話を持ちかけたのが、「ライディーン」で制作協力をした創映社だっ

た。

やはりおもちゃ屋さんがスポンサーで、売りたいロボットが既にあった。そのロボットの合体、アクションシーンが毎回あり、必ず勝つ、が条件で、全二六話と決まっていた。僕はこの話を断らなかった。ギャラをもらってオリジナルストーリーを作る訓練ができるなら、そんなにいいことはないと思ったからです。僕は既存のロボットものを壊していこうと、ルーティンワークを立てました。

そうして制作された「無敵超人ザンボット3」（七七年一〇月‐七八年三月）は異例ずくめだった。

「巨大ロボットがアスファルトの上に立つな。道交法違反だろう」から始め、地球を侵略する宇宙人を「まともな」宇宙人に、隊員を老人から幼児までの家族に——と、既存のアニメでやってなかったことを全部やった。

終盤、隊員たちは、敵が実は悪の心に満ちた地球を滅ぼそうとする正義の存在と知る。善悪が逆転する中、隊員は全員死亡する。

「戦闘ものをやるんなら、これくらい怖いことを覚悟しなきゃダメだ」と制作側の大人たちにわからせることが主眼でした。放映後、プロダクションやスポンサー、広告代理店が真っ青になった。絵コンテなどは渡してあったのに、彼らはアニメをなめていて読んでなかったのです。

次の「無敵鋼人ダイターン3」は一転、コメディー調の作品だ。

ギャグものはシリアスなものと比べ、芝居の量が三倍にもなる。そんな作品に自分が毎回、ユーモアを入れ込むことができるだろうかと考えたからです。この二作をやらなかったら、次に「リアルっぽい」作品を作ることはできなかったでしょう。

発想が発想を生む混沌から「ガンダム」創作

「ガンダム」は宇宙戦争を舞台に、主人公アムロ・レイを中心とした人間ドラマと、モビルスーツと呼ばれるロボット型兵器の戦闘シーンをリアルに描いた——とされる。だが、スポンサーの要請は前二作と同様、合体ロボットありき。富野さんは裏テーマを胸に秘め、それを鮮やかに変奏して見せたのだった。

実は「ダイターン」で疲れたので、次は楽に作ろうという思いがまずあった。シリアスなものなら、セリフ一つで二〇秒はもちますから。それを映画っぽくし、さらに毎週一回ずつの戦闘シーンを除いても、話が続くことをこっそりテーマにした。人間関係の流れがドラマ進行の役割を果たすようにしたのです。

舞台装置は、約束事の確認と、それを超克する発想の往復で構築された。

出発点は、巨大ロボットを動かさなきゃならなくなった子どもの話をしよう、ということ。それをどう「らしく」するか。主人公のロボットは一台でいいけど、毎回「やられメカ」を出さないと、スポンサーからOKが出ない。敵だけ新型ロボットを次々と繰り出してくるには、戦争状態にするしかない。ただ、敵が人間だと、スポンサーは怒る。それを解消するには敵を強くするしかないので、ザビ家という独裁者を設定した。主人公の敵役を、誰かが「シャアだ」と言う。「なんでシャアなんだ」と聞くと、「登場した時、主人公メカより三倍速く動く。シャーッと出てくるからシャアだ」。すべてこんな具合。僕は作家ではなく、テレビ屋。とにかく今までにやってなかったことを探す。だから、作家のような「これを作りたい」という意識はどこにもない。

混沌《こんとん》とした市場から必要な部品だけを買い集めるようにして、「ガンダム」は作られていった。

発想が一点から枝分かれしていくと、よほどの天才でない限り、根本が揺らいでしまう。一方、物語とは世の中に存在する物事を取り込み、組み込んでいくことによって成立しているとも言える。だとすれば、僕らが「ガンダム」で取った方式が正論でしょう。「ガンダム」は、初期に描いたイメージ通りにできた。ただ一点、ガンダムが三機合体ロボットという部分だけが、スポンサーの要請で頑《がん》として残ってしまった。

リアルロボットの「リアル」とは何か。

それは嘘八百のリアリズムの中で、モビルスーツが成立するフィクションの世界があるということ。リアルを追求するなら、二足歩行という非効率的な機械は戦闘に使いようがない。だからこそ、動かして見せることがエンターテインメントとして面白い。

ともすれば、優秀なスタッフ陣に埋没しかねない監督の存在。富野さんの真骨頂は、最後にあった。

「ガンダム」は僕が言い出しっぺだから、原作者と呼ばれたいけど、それは最終的なまとめ役としての原作者でしかない。それが悔しいから、最後の戦闘シーンで富野らしさを出そうと、首なしのガンダムが空へライフルを撃つシーンを演出した。あれができた時は、涙が出るくらいうれしかった。スタッフ全員を黙らせてやったぜ、と思いましたね。

子どもに核心を見せた「海のトリトン」

大学で映画を学んだ富野さんにとって、アニメ「鉄腕アトム」はひどい出来だった。

アニメだって映画。動かなくてはいけない。それを止めても見せることができるという発想は許しがたかった。それなのに虫プロに入社したのは、他に就職先がなく、フィルムをいじれるなら御の字と思ったからです。

最初は仕事と割り切っていたが、半年もすると不満が沸いてきた。

当時、虫プロで働いていたのは、映画的なセンスがない人たち。僕は映画的な演出ができる確信があったので、アニメとは言えない電動紙芝居でも、作りようはあると思うようになった。そんな体質がわかるのか、僕が演出になると、先輩から徹底的に嫌われた。「アトム」で僕の演出本数が一番になった時は、みんなの視線が冷たかった。

「アトム」が終わると、虫プロを辞めた。職人的な技術を手に入れようと、仕事を山ほど引き受け、驚異的な速さで絵コンテを描いた。「海のトリトン」（七二年四月‐九月）の話がきたのはその後のこと。だが、トリトン自らが犠牲となり、敵のポセイドン一族を宇宙に追いやるという原作の結末は受け入れられなかった。

初めて総監督になり、「子どもに見せるアニメとは何か」と、児童文学やファンタジーについて真剣に考えた。子どもは、大人が本気で自分に話してくれているとわかれば内容を理解できるし、その言葉は一〇年後、二〇年後、その子の中に復活する。だから僕は、この物語で語るべきことを決めねばならない。もしこの話がファンタジーとして成立しているのなら、その根っこがあるはず――。

最終回、トリトンがオリハルコンの短剣を使った結果、海中に住むポセイドン族が全滅してしまう。トリトンは、ポセイドン族がその恐るべき剣を破壊するために、自分を追っていたと知って愕《がく》然《ぜん》とする。善悪に絶対はないことを教えるこの最終話を、富野さんは自ら書き、スタッフにひた隠しにした。

それまでの脚本は原作を基に、好き勝手に話を作っていた。だから、「お前らアニメをなめるな」と見せつけたのです。ライターからは恨まれました。

子どもたちに物語の核心を示すこと。この信念が、後の「ガンダム」人気にも「決定的に作用している」と言う。

「トリトン」放映後、ファンクラブができ、僕を呼んでくれた。会場に集まったのは、一〇〇〇人もの中高生の女の子。「ガキ向けの漫画だから」という作り方をしなくて、本当に良かったと思いました。

仲良く制作ではなく、個々人がパーフェクトの仕事を

子どもたちに物語の核心を見せることの重要性を知るだけに、富野さんが現代のアニメに向ける目は厳しい。

文化庁のメディア芸術祭の審査員として百数十本ものアニメを見たけど、大人を意識した作品ほどひどいものはない。大人という観客はエクスキューズがきくという了解があるから、オタク同士の会話のような作り方をしている。そんな作品は、僕が審査員の間は出品もしてほしくない。一方、異議申し立てができない子どもたちにきちんと向き合った作品は、やはり見ていて面白い。

魅力的なアニメ制作に欠かせないと考える要因が、もう一つある。

「ガンダム」を手掛けて三〇年経ちますが、（メカデザインの）大河原邦男さんと（キャラクター

デザインの）安彦良和君とは、絶対に仲良くならない。三人で一緒に酒を飲んだことすらない。われわれ三人の能力があって、合意点があれば、その仕事はパーフェクトに完結する。でも、個人的には絶対に友だちになれないし、なる気もしない。そういう人の集まりだったからこそ、「ガンダム」はできた。

異能なスタッフが個性を主張しながら、同じ目標を目指す。それが理想的な環境と考える。

ジブリのようにシンパ同士の集団が有効に働くこともあるけど、二〇年は続かない。年齢の近いもので塊を作ったが最後、首をくくることになる。映画の黒澤プロの先例もある。黒澤明ほどの才能を持った人でも、カラー化以降の作品は良くない。これは黒澤の能力否定ではなく、個人が優れていても、スタジオワーク次第で作品の質が落ちるという、いいサンプル。あれを見ると、口裏や気分の合う人間と仕事をやることの危険性を感じる。アニメでも、そんなスタジオに未来などあるわけがない。それでこの一、二年、二一世紀のスタジオワークがあるのではと、はっきりと思うようになりました。デジタルワークが増えるほど、既存のものをバラして再構築しなければならない。それをどう教育の場からつなげていくか……。

今、アニメが「文化」と呼ばれる風潮にも安易に乗らない。

僕は通俗に身をおいて、「長生き」させてもらっている。自分にとってこれ以上の勲章《くんしょう》はないけど、それは長生きしたのであって文化ではない。ただ、そんな人間が一〇〇〇人、一万人集まった時に文化になる。僕は映像媒体を作りつつ、長生きしてくれる大衆とともに育っていきたい。

（二〇〇六年一二月七日、一四日、二一日掲載）

富野由悠季（とみの・よしゆき）

一九四一年、神奈川県生まれ。日本大学芸術学部卒業後、虫プロダクションに入社し、「鉄腕アトム」などの演出を担当。フリー転進後、「海のトリトン」で初監督を務め、「無敵超人ザンボット3」「無敵鋼人ダイターン3」などの総監督を経て、七九年に監督した「機動戦士ガンダム」で社会現象と言われるほどのブームを巻き起こす。その後も、同シリーズのほか、「伝説巨神イデオン」「聖戦士ダンバイン」などを監督。小説家としても作品の原作などを多数執筆している。過去には「富野喜幸」などの名義も。

山浦栄二

リアルロボットもので熱狂を生む「サンライズ」を創業

視聴率を追うより熱狂的ファンを生み出す

ロボットアニメを、日本アニメの一大潮流にまで高めた「機動戦士ガンダム」。その出発点には、どんな志があったのか。サンライズの創業者の一人で、当時、企画の責任者だった山浦栄二さんは言った。

ロボットに合体、変形のプレイバリューをつけたおもちゃを売る。そういう企画でした。

はっきり言って、おもちゃ屋の手先です。玩具メーカーと広告代理店とで、制作費を相談し、共同して商売を成り立たせていこうと……それが始まりでした。

大学卒業後、東映動画に入社。カメラマンを目指したが、テレビ時代の到来を機に、新興の虫プロに移った。そこで見たのは、天才作家と稚拙な経営者の両面を持つ手塚治虫の姿だった。

入社後しばらくして役員秘書になった時、虫プロの経理のいいかげんさがわかった。制作経費が一本につきいくらかかるかもわからない。当時の価格で五、六〇〇〇万円で受注した作品の制作費が八、九〇〇〇万円なんてザラ。誰が見ても経営は危機にあった。

しかし、経営改善策を提案しても、幹部の反応は鈍かった。

現場では、たくさん動画が描ける能力の高いアニメーターも、能力の低い人のレベルに合わせてしまっていた。そこで出来高払い制の導入を提案したけど受け入れられず、リストラを勧めても「人のクビは切れない」。一方で、現場の人間だけの会社なら、経営を維持できるとわかった。それで虫プロを辞め、仲間と会社を設立したのです。

創映社は、別の制作会社の子会社として出発。「勇者ライディーン」などを手掛けた後、一九七六年に日本サンライズとして独立した。

独自制作第一作のテレビ枠は、「まず当たらない」とされていた夕方五時半。それなら勧善懲悪的な従来作品と異なり、主張がはっきりした作品がいいと考えた。「無敵超人ザンボット3」はリアルな人間的思考を入れようと、一ひねり二ひねりしました。

続く「無敵鋼人ダイターン3」も爆発的ヒットはしないが、異質な作品性が着実にファンを獲得した。リアルロボットの芽は、山浦さんの思惑通りに育っていた。

独立後、僕は大ヒットした「宇宙戦艦ヤマト」がどうやってもうけているのかを、ある関係者に聞いた。彼は「レコードが五万枚、関連書籍が二、三万冊売れたからだ」と言う。それで僕はスタッフに告げた。「高視聴率なんか取らなくていいから、五万人の熱狂的なファンを作ってくれ。それがヒットにつながるのだから」と……。

「ガンダム」人気は旬の四人の結集が源

山浦さんが企画の責任者として手掛けた第三作が、「機動戦士ガンダム」だった。リアルロボットものの嚆矢《こうし》であり、日本アニメの金字塔である。

なぜこれほど人気が出たのかは……わかりません。ただ、スタッフに最も旬の人間が集まっていた。総監督の富野由悠季、キャラクターデザインの安彦良和、メカニカルデザインの大河原邦男は、経験を積んで脂《あぶら》が乗りきっていた。脚本の星山博之は物語をゼロから作るのは初めてでしたが、こちらが考えていたことをすべてやってくれた。でも、どの一人だけでもできなかった。四人のハーモニーが作り上げたのです。

数々の偶然も作品を盛り上げた。

「ガンダム」は高い年齢層がターゲットで、おもちゃは売れない。そこで「何でもいいから小学生を出して」と、富ちゃん（富野）に頼んだ。彼は怒ったけど、カツ、レツ、キッカを登場させてくれた。すると、彼らの存在が実に生きた。アムロが脱出するラストシーンで、三人が歓声を上げる……あの場面ができたのは、ツキ以外にありません。

ファンの間で憶測を呼んだ人間の「ニュータイプ」もそうだ。

企画段階になかったのに突然、富ちゃんが入れてきた。その良しあしは判断できないけど、ヒットにつながる一因として、あの謎の設定は重要な役割を果たした。また、第一話の原画やレイアウトなどをほぼすべて安彦さんが担当したため、とても出来が良かった。彼は直後に倒れてしまったのですが、あの第一話が後の回の手本となった。さらに、僕が敵ロボットとして「戦中の空軍の兵士が機体につける撃墜マークが似合うようなものを」と、大河原さんに頼んだところ、描いてきたのがザク。敵役というよりも、まさに量産兵器……驚きました。

アイデアが飛び交う制作現場でも、変わらなかったものがあった。

当時、校内暴力や性体験の低年齢化など、若者の風紀の乱れがマスコミをにぎわしていた。でも、実際に話してみると、若者のほとんどはまじめ。まじめな子に見てもらおう――それが基本でした。

しかし、複雑な設定に、まじめな子たちも当初は面食らった。

視聴率が一%以下の回もあり、テレビ局からは路線変更を迫られた。だけど、ここまで作ったものを変更するなんて無理。変えるつもりもなく、「やるのなら、（主人公の）アムロをいきなり女好きにしましょう」なんて言ったら、しかられました。

意図的に戦争体験を織り込む

「ガンダム」のさまざまな設定は、スタッフの奇抜な発想や偶然から生まれたものが多い。そんな中、山浦さんが意図的に織り込んだものがある。戦争である。

戦争について、今の子どもたちは実際に体験したことはない。いいか悪いかはわからないけど、戦争のエピソードを少しずつ入れ込もうと考えていました。

自分自身、濃密な戦争体験がある。

子どものころ、鹿児島県川内市（現・薩摩川内市）で過ごし、終戦時は小学二年生でした。市内は空襲で焼け、父親が勤める会社は米軍の爆撃機が墜落してきて燃えた。見に行くと、乗員の死体はどれも首がない。後に数百メートル先で、首だけ見つかったそうですが……。

終戦後は戦記物をむさぼり読んだ。そこで見たのは、非力な火力だけで敵に挑んだ日本兵の無残な姿だった。

米軍のパイロットが書いたものによると、鹿児島から特攻に向かう日本の戦闘機が凧《たこ》に見えたというのです。それほど遅かった。そんな敵を撃つのは嫌で、仲間で譲り合ったという。筆者は「戦争が終わったら、こんな無駄な作戦を命じた日本の指導者を半殺しにしてやる」と憤っている。僕もこんなむちゃくちゃをやったのが日本人だなんて、とても納得できない。

「ガンダム」が視聴者の胸に刻みつけたのは、個人の命よりも組織の存続が優越する戦争での、理不尽な死のイメージかもしれない。「ガンダム」後、山浦さんがこだわったのは、組織よりもスタッ

フの知名度を上げることだった。

当時、まだアニメでは誰も監督や作家として名が売れていなかった。アニメは賤民《せんみん》産業だったのです。でも、作家としてステータスを向上させれば、その作品から得る対価も上がる。そこで「作家を売れ!」と号令をかけ、アニメ誌に協力して富野由悠季や安彦良和を売り出したのです。

多くの演出家、アニメーターを輩出した後、山浦さんは九四年に退社した。

企画段階ではスタッフと一日三~四時間、何日間もかけて人生論や処世観まで話す。それが演出や絵に現れるからです。でもある時から、これがつらくなった。それで辞めることにしました。

おもちゃを売るためのアニメ「ガンダム」。まだ疑問は残る。なぜそれはロボットでなければならなかったのか。

「ロボットを超える魅力的なキャラクターがあるか」との問いが大前提にありました。あったらやってもいい。でも、なかなか出てこないでしょうね。

(二〇〇七年一一月一五日、二二日、二九日掲載)

山浦栄二(やまうら・えいじ)

一九三六年生まれ。東映動画を経て、虫プロダクションに入社。七二年、虫プロに所属していた岸本吉功、伊藤昌典らと「創映社」を設立。その後、日本サンライズに改組し、初の自社企画「無敵超人ザンボット3」を制作した後、同じく自社企画・制作の七九年「機動戦士ガンダム」が大ブームとなる。八七年、サンライズと改称し、第三代社長に就任。自社オリジナル作品に多く出てくる原案・原作に「矢立肇」名義があるが、当時企画部長だった山浦が大きくかかわっているとされる。一〇年、逝去(享年七三)。

安彦良和×辻真先

ロボットアニメとは何か

日本でテレビアニメが始まって以来、ロボットは常に画面の中心にいた。最初期の「鉄腕アトム」「鉄人28号」に始まり、「マジンガーZ」「機動戦士ガンダム」を経て、今も絶大な人気を誇る。なぜロボットが、これほど人を引き付けるのか。その理由を探るのに格好の作品がある。異星人の文明がひそかに宿る島への冒険をテーマにした異色のロボットアニメ「巨神ゴーグ」（八四年四月・九月）だ。

「巨神ゴーグ」は一九九〇年、サモア諸島東南の海底から出現した新島が舞台。島の秘密を探っていて死亡した学者の息子、田神悠《ゆう》宇らがその遺志を継いで島へ渡り、謎のロボット〝ゴーグ〟と出会う。悠宇たち一行は、陰謀を画策する巨大資本「ガイル」に命を狙われるが、ゴーグはそのたびに悠宇たちを救ってくれる。だが、その正体は不明。ガンダムのように乗り込んで操縦はできず、合体・変形もしない。

「巨神ゴーグ」では〝現代の宝探し〟を志向

安彦　「ガンダム」の後、好きにやらせてもらったのが「ゴーグ」。辻さんに脚本をお願いしたのは、以前からの僕の夢だったからです。

辻　制作中に方針変更があるアニメが多い中、番組全体を見通せたのはあの作品が最後ですね。スポンサーからの注文も、僕には一切なかった。安彦さんが全部引き受けてくれたんですね。

安彦　へそ曲がりだから、商品化しても売れないだろうというものをわざと作った。スポンサーの玩具メーカーから、このロボットは何をするのかと聞かれたので、「石とか投げます」と言った。すると、本当に〝石を投げるゴーグ〟というおもちゃを作った。まったく売れなかったそうですが……。制作前、スポンサーの社長は「好きにやりなさい」と言ってくれたけど、後で「こんな企画では商品開発ができない」とずいぶんぼやかれました。

辻　合体ロボットものはさんざんやってきた僕としては、ユダヤ民話が基にある「巨人ゴーレム」をやりたかった。意思疎通できないけど、大いなる神という存在。大人はロボットは見飽きているけど、初めて見る子どもなら、人間にはわからない神の志を感じてくれると思った。僕は個々の場面で、安彦さんに今後の筋を聞きましたっけ。

安彦 なかった……ですね。

辻 そうでしょう。大いなる神々から降りてきたものを、そのたびに書いた（笑）。

安彦 僕もいろんな思いがありました。まず島からあえて出ない話にした。僕は手塚治虫さんの「魔神ガロン」をイメージしていたのです。

辻 ああ、なるほど。

安彦 それで、石を投げるくらいしか能力がない。そんな不自由な設定で何ができるか考えた。長さも二六話に限定し、絵的に満足できる仕事にしたい、とも。それは「ガンダム」でもできなかった。僕はひたすら絵を描き、録音にも行かなかった。

辻 最初から狙いは決まっていたのですか。

安彦 だいたい固まっていました。最初の発想は「宝島」。現代の宝とは何か。金銀財宝ではなく、「誰も知らないものを見つけ出すこと」を宝探しと考えてもいいんじゃないか、と……。

ロボット・ブームの潮流にありながらも

辻　ロボットものSFで僕が最初に見たのは、ジュリアン・デュヴィヴィエ監督の「巨人ゴーレム」（三六年）。アート系の人がエンターテインメントを作ると、ああなるのかと思った。一方、エンタメ系は戦前のSF作家・海野十三が、昭和一二〜一三年ごろに少年が乗り込むロボットを書いている。武器としてロボットを量産するけど、電子頭脳は間に合わないので少年を乗せるという設定。鉄腕アトムのような自律型も、海野の「人造人間F氏」がある。こうした系譜の中で、僕は「ゴーグ」をアート系と考えていた。ウケなくてもいいけど、全体を通して一つの主題が浮き彫りになればいいと……。

安彦　僕は「ガンダム」の後、リアルロボットがそれほど息長く続くとは思わなかった。「ガンダム」までは戦争は誰も手をつけていない領域だったけど、そのテーマはもういいよ、と。だけど、いい柳の下にはドジョウが何匹でもいた。

辻　そうなんですよ。

安彦　その後はマニアックな路線に走った。「ゴーグ」もおおらかな部分がマニアには物足りない。当時、（漫画家の）永野護君が兵器マニアと知り、「戦車について教えて」と聞いた。

彼らがのしてくる前夜だったんですね。

辻 今振り返ると、見ている子どもが、登場する男の子、女の子にもっと感情移入できる脚本にしなきゃならなかったのかな、と反省しています。子どもの等身大が表現し切れなかったのかもしれません。従来のロボットものが、圧倒的に巨大な敵がいるといったスポンサー側の視点による設定だったから。

安彦 日本のアニメの作り手というのは、ヒューマンな設定は照れちゃう。異星人とのファーストコンタクトを扱った映画「E.T.」（八二年）も何だか照れる。異星人が来た時は、地球は未開状態で、文明が発達するまで待っている。そして「そろそろいいかな」と出ていくと、もうわかり合えない——ならいいけど、異星人が来て、すぐにわかり合えるなんて照れて書けない。

辻 SFは元来、そう。だから、デスラーまで大和魂に感動する「宇宙戦艦ヤマト」になると、SFとは異質なドラマでしょう。

安彦 日本アニメのこうした〝ひねくれた〟点が今、いい方に出ている。「ゴーグ」で考えたのは悪の設定。当時はまだ冷戦が続いていて、互いに相手を「悪だ」と言っていたけど、そんな善悪も有効ではないと感じていた。そこでガイルを設定した。利益追求は悪とせざるを得ないのではないか、との思いからです。この辺も取っ付きにくかった原因かもしれない。

——最終盤、悠宇が異星人と地球人との間に生まれた子で、ゴーグは子孫を見守りたいという異星人の遺志に従っていたとわかります。ようやく邂逅《かいこう》の糸口をつかむ悠宇と異星人ですが、地球の各国政府は異星人が人類の利益にならないと判断し、島に核攻撃を加える………。

安彦　おおらかな切り口でも、ラストは絶対にネガティブにしようと思った。現代における宝とは何か、冒険とは何かと考えた時、「そんな宝はいらない。結局、冒険なんて不可能なんだよ」というメッセージを伝えたかった。だけど、視聴者からは何の反応もなかった。

辻　僕はこの作品を手掛けられて幸せでしたけどね……。

安彦　へこみましたね。もうアニメはやめようと思いました

玩具メーカーの思惑と「誰もやってないことを」という思い

——戦前から続くSFロボットものの系譜。それがブームになったのは、「マジンガーZ」が七二年に始まったのを端緒とすると思います。ブームを支えたのは何だったのでしょうか。

安彦　僕はとりわけ日本人のメンタリティーが、ロボットやロボットアニメに適合しているとは思わない。当時を振り返ると、スポンサー事情から〝それしか〟許されなかった。アニメ

に投資してくれる玩具メーカーがなかったら、あの時、テレビアニメは死滅していたかもしれない。

辻　確かに玩具メーカーの功績は大きい。ただ、最初からロボットだけを売ろうとしていたわけではない。『アニメージュ』の前身の雑誌で、月世界に間もなく基地ができるだろうと、バンダイがカプセル式の組み立て基地のおもちゃを企画し、僕がそれに合わせて連載をした。だけど、全然ウケない。結局、てっとり早く売れるのはロボットしかない……となったのではないか。合体ロボが登場したのも、合体する数だけ売れるから。僕が設定した「超電磁ロボ　コン・バトラーV」（七六年四月‐七七年五月）も、五体合体と決まっており、そこからそれぞれの乗員や機能を考えた。

安彦　デザインする側は、先にコンセプトを聞かされる。「今度は入れ子になるよ」とか。なんで入れ子なのか（笑）。

辻　それと放映初回のAパート（前半）に、まずロボットを出さなければならない。でないと、CMの間にチャンネルを変えられてしまう。

安彦　「マジンガー」でいろんな設定をやり尽くされて嘆いていた時、「勇者ライディーン」でひねり出したのがオカルト。結局、テレビ局がダメというので、引っ込めましたが……。当時は、誰かが前にやったことをやるのはまずいというのが当然の発想だった。

辻　作り手には、「誰もやってないことを」との思いが常にある。パクリだと言われますからね。

安彦　ところが今の風潮は、何度やろうがウケるうちはやっていい。

辻　だから、設定や企画が弱い作品が多いですね。ただ、物語の進行は余裕が出てきた。平和な小島のシーンから始まる「蒼穹《そうきゅう》のファフナー」（〇四年七月 - 一二月）は、実は地球外生命体の出現と人類の紛争で日本が消滅した後の世界。小島には隠されたロボットがあり、住民たちが島を守るために戦う――。最初ののんびりした雰囲気をていねいに描いているので、戦闘モードに入ってからが怖い。あの余裕を与えられるのは結構ですね。

ヒト型は全能感を与える

――「マジンガーZ」以後のロボットアニメには、決定的な共通点があります。いずれもヒト型で、人が乗って操縦するタイプである点ですね。

辻　その方が感情移入しやすいのでしょう。脚本を書く立場で言えば、リモートコントロール方式で、操縦者が安全な場所で「それ行け」では、ドラマにしにくい。それに人間世界にロボットが入っていくと、階段があったりして、二足歩行でないと救出シーンなどが絵にならない。

安彦　ヒト型以外のロボットも登場させているけど、ウケない。それで「ヒト型じゃないとダメ」が不文律になった。乗り込み型なのは……後付けの説明かもしれないけど、全能感と関係があるのかもしれない。運動神経がいいとか、頭がいいとかの理由で選ばれて搭乗員になったのが、一昔前。現代は「なぜか選ばれた」。だから、成績も運動神経も良くないオタクみたいな子も救われ、マシンに乗った時点で「何でもできる」という全能感を与えられる。昔は特殊だったオタク的な子が、今は平均値。そこで、このパターンが定式化してきたのではないか。

辻　「新世紀エヴァンゲリオン」の碇《いかり》シンジはどこから出てきたのでしょう。

安彦　僕は「エヴァ」の漫画版を読んで、「マジンガーZ」だと思った。作者の貞本義行君に聞いたら、「マジンガーを今の僕らがやったらどうなるかと思った」と言う。庵野秀明監督が「マジンガーZ」を持ってきて、「これをやりたいんだよ」と言ったんだそうです。それで兜甲児が碇シンジになった。

辻　鉄人からマジンガー、エヴァと続くわけですか。

安彦　世間では難しいと言われるけど、漫画版はまるっきりマジンガー。不条理な設定をつけているから、新しく見えるんですね。

――ロボットアニメを代表格に、日本固有の事情に即して生まれたはずのアニメが今、世界の注目を集めています。

安彦 敷居が低そうに見えるのではないか。「ちびまる子ちゃん」だったら、自分でも描けそうだし、動きもちゃち。参加願望をくすぐられるのではないか。

辻 ヒットする歌や漫画は、ヘタウマな部分がないとウケないという説もある。藤子・F・不二雄さんの作品なんて、まさにその線。今は「クレヨンしんちゃん」が、スペインで大人気ですね。

安彦 「ガンダム」もそう。富野由悠季氏のラフなスケッチを、メカデザイナーの大河原邦男さんが「これでいいの？　後はこっちでやっちゃうよ」と言って描いてしまったキャラクターがずいぶんある。だから、小さい子でも入っていける。一方で、マニアックな設定やデザインはハイティーンにウケる。子どもからハイティーンまで「いらっしゃい」。これが日本のロボットアニメ独特の敷居の低さですね。

――今のアニメ業界をどう見ていますか。

辻 頂上は高くなったけど、すそ野にはゴミがいっぱいある。見る人は、自分が見ていたのはゴミだったと気づき、より上の方に登ってほしい。

安彦 興味が細分化された一方で、ブランド化した宮崎アニメが観客を集めるなど、アニメファンは共通の〝祭り〟も欲している。そんな祭りがなくなったら絶望的ですが、それがある間は、大丈夫ではないでしょうか。

（二〇〇七年三月二九日、四月五日、一二日掲載）

安彦良和（やすひこ・よしかず）

一九四七年、北海道生まれ。七〇年に虫プロダクション養成所に入り、アニメーターになる。虫プロ倒産後はフリーとなり、「宇宙戦艦ヤマト」の絵コンテ、「勇者ライディーン」「無敵超人ザンボット3」などのキャラクターデザインを担当し、「機動戦士ガンダム」ではキャラクターデザインと作画監督を務めた。九〇年以降、専業漫画家となり、九〇年「ナムジ」で第一九回日本漫画家協会賞優秀賞、〇四年「王道の狗」で第四回文化庁メディア芸術祭マンガ部門優秀賞。自身の漫画を原作としたOVA「機動戦士ガンダム THE ORIGIN」では総監督を務めた。

辻真先（つじ・まさき）

P26参照

松崎健一

SFマニア視点で、設定に奥行きを

SFマニアたちで緻密なメカ設定

「鉄腕アトム」以来、日本のアニメを彩ってきたのがサイエンス・フィクション（SF）だ。実写では難しかった空想をビジュアル表現で見せるアニメは、一部マニアのものだったSFを一般に広めた最大の功労者と言える。熱心なSFマニアだった松崎健一さんがアニメ制作にかかわり始めたのは、巨大ロボットものが爆発的な人気を集める直前だった。

中学生のころから小遣いで『SFマガジン』を買っていましたが、SFマニアは多くなく、高校の時、先生から「SFなんかやってると大学に行けないぞ」と怒られたほど。私はフランク・フラゼッタやバージル・フィンレイのSFイラストが特に好きで、大学生の時、ビジュアル系の同人誌『SFセントラルアート』を立ち上げた。イラストをメインにした誌面で、発行費用の赤字分はアルバイトで穴埋めした。商売にするなんて考えもしませんでした。

そんな松崎さんを時代は待っていた。卒業時、SFマニアの先輩だったテレビ局社員から子ども番組制作への協力を持ちかけられたことから、仲間三人とともに会社を立ち上げた。

その仕事だけじゃ食えないので、雑誌の記事を書くなど、いろいろやりましたが、そのうち誰かがメカデザインの仕事を持ってきた。それが「ゼロテスター」だったのです。

人形劇SF「サンダーバード」の日本版をアニメで——という企画。三機分離のテスター1号やコンテナ機の4号が活躍する作品だ。

それまで、オリジナルアニメでメカがたくさん出てくるものはなかった。メインのメカが構造的にかっちりしたデザインで、しかも毎回、新しいメカが登場するような作品だと描ける人がいなかった。登場メカのほとんどを会社の仲間と描きました。

同じころ、仲間の一人、宮武一貴が描いたマジンガーZの内部図解が番組のエンディングで放映されて、評判を呼ぶ。子どもたちは、マジンガーが設計図に基づいて作られたリアルなメカであると信じたのだった。

もちろん、あれは原作の永井豪さんから「外見はあるから、中身を作って」と依頼を受けて描いたものです。今見ると稚拙な部分が目立ちますが、当時は画期的でしたね。従来、内部図解はあったけど、放射能を吐くゴジラの体内に火炎袋が描かれていたり、いくら何でも子どもだましだった。私も「秘密戦隊ゴレンジャー」のメカの図解などをやりましたが、描く時には資料をかき集め、自分の知識を総動員しました。

科学的に矛盾しない〝空想の学説〟作る

松崎さんらビジュアル系SFマニアが足を踏み入れた結果、日本のアニメに大きな変化が起きた。

それまで手の届かない空想として描かれていたSFが、近未来に実現可能と思えるほどリアルに迫ってくるようになったのである。その端緒が、松崎さんらがメカデザインを担当した「宇宙戦艦ヤマト」。だが、一般的に現在ほどの科学的常識のある人は少なかった。

そもそも無重力がわかってない。宇宙戦艦同士が戦うシーンの作画で、爆発した破片がみな画面の下に向かって落ちていったり……。監督の石黒昇さんは直すよう指示するけど、意味が通じないから直ってこない。結局、石黒さんが動画を自分で修正していた。「僕、監督なのになぁ」とぼやいていましたよ。

SFがアニメの調味料から主菜へと変貌《へんぼう》しつつあった時、従来の会社を発展的に解消し、松崎さんら当初の四人で立ち上げたのが「スタジオぬえ」だ。そして、脚本や設定に仕事の比重を移した松崎さんの力が存分に発揮されたのが、「機動戦士ガンダム」だった。

監督の富野由悠季さんから、「巨大ロボットが宇宙空間で戦ってもおかしくない設定を」と頼まれた。するとレーダーが有効では意味がない。かといって、レーダーが利用する電磁波を妨害する装置を番組中で説明するのは困難。そこで可視光線や赤外線は通すけど、電磁波は遮《さえぎ》る新しい物質を仮定した。名前は富野さんが好きな粒子だから、トミノスキー……ミノフスキーとしました。

ロボットの白兵戦に頼る根拠として、これほどリアルなものはない。だが、設定はそれにとどまらなかった。

主人公が乗り組む宇宙戦艦ホワイトベースは、元の設定では、「大気圏内の浮遊はできません」と富野さんに伝えたんですが、もうやってしまっていた。高い年齢層も見るから、矛盾を指摘されないよう理屈を作らねばならなくなったのです。

トレノフ・Y・ミノフスキー博士によって開発されたミノフスキー物理学は、「ミノフスキークラフト」によって鈍重な機体の大気圏内の重力制御飛行を可能にした――。緻密に構築された〝学説〟は、空想とわかっていても説得力がある。

今、現実の物理学では観測できない暗黒物質が注目されつつあるので、ミノフスキー粒子も大外れではないかも。むしろ暗黒物質の方が、アニメで使ったら恥ずかしい名称ですよね。

「超時空要塞マクロス」のリアルな変形が大ヒット

「ぬえ」の緻密なメカは、映画「スター・ウォーズ」（七八年日本公開）が起こしたＳＦブームも手伝って、一躍注目を浴びた。その人気を決定づけたのが、松崎さんがぬえの社長の時に企画され、脚本を担当した「超時空要塞マクロス」（八二年一〇月‐八三年六月）だ。

変形ロボットものはそれまでもあったけど、実際にそんな変形をしたら中身がどうにかなってしまうものばかり。「マクロス」では現有兵器に近い形の戦闘機が、内部構造から見ても無理なくロボットに変形する。そのリアリティーがウケた。デザイナーの河森正治は、実際にバルサと紙でモデルを作りました。そこまでリアルを追求した理由は……ぬえがやるからには、「当たり前」でしたね。

米空軍のＦ14トムキャットに似た機体がロボットに変形するバルキリーは、その後の〝リアル変形〟ものの嚆矢となる。一方、地球の存亡を賭けた異星人との戦いというハードな設定の中、画面上で繰り広げられたのは、主人公とヒロインを中心としたラブコメディーだった。

当初はもっとHで軽い話の予定でした。でも、まだそれが受け入れられる時代ではないと判断し、コメディータッチにシフトしました。少年漫画ではラブコメを受け入れる下地ができていましたから。コメディーだからリアルメカでなくても良いと考えるのは、固定観念ですよ。

リアルメカと美少女。一見、相いれないこの二要素は以後、さまざまな形でSFアニメに変奏されていくことになる――。松崎さんはその後フリーとなり、多くのアニメ脚本やゲームのSF設定で活躍してきた。今やSFはそれと意識されないほど一般に浸透したが、残念な点もある。

はやった映画やアニメだけでSFを解釈している。宇宙や未来、メカが〝SF〟とされ、その一部分を指して「SFはもう古い」などと言う。実は「陰陽師《おんみょうじ》」や「黄泉《よみ》がえり」といった作品もSFの一種なのですが……。

SFアニメの最後のブームは、「新世紀エヴァンゲリオン」だろう。その後もヒット作はあるが、ブームと言えるほどの盛り上がりはない。日本アニメをけん引してきたSFが、再びブームを起こす日は来るのだろうか。

昔はアイデア一発勝負の作品が多かったので、見る人もわかりやすかった。でも、物理学などが発達した今はそうはいかない。ＳＦも最先端科学を追いかけるので、理解が難しく、アニメ化がしにくい場合もある。といって、視聴者に勉強しろとは言えない。何が受け入れられるのか、作り手は勉強しなければなりません。ＳＦはアニメと抜群に相性がいいのですから。

（二〇〇七年五月三一日、六月七日、一四日掲載）

松崎健一（まつざき・けんいち）

一九五〇年、東京都生まれ。大学在学中にＳＦ同人会「ＳＦセントラルアパート」を結成し、その後、「クリスタルアートスタジオ」を設立。七四年に「スタジオぬえ」に改組。「宇宙戦艦ヤマト」のメカニックデザインなどに携わった後、日本サンライズ制作のロボットアニメに参加する。「機動戦士ガンダム」では、脚本・設定・ＳＦ考証などを手掛ける。脚本・シリーズ構成として、「超時空要塞マクロス」など多数。

高橋良輔

演出経験が「装甲騎兵ボトムズ」に結実

度重なる挫折乗り越え、自分の表現を模索

日本のテレビアニメ史は、数多の才能が物語や表現技法に新趣向を盛り込んだアニメを次々と生み出してきた黄金の歴史と言える。だが、そんな珠玉の作品が、アニメ現場にいた全員の創作意欲をかき立てたわけではない。虫プロで演出を任された高橋良輔さんが感じたのは、〝力の差〟だった。

初演出は「W3《ワンダー・スリー》」でしたが、僕には実力がなかった。演出には知識の引き出しと、それを使

う努力が欠かせないけど、僕は同僚と比べて引き出しが足りなかった。何本か演出をしましたが、自分には才能がないと思い、虫プロを辞めました。

いったんはCM制作会社に転職したが、違和感ばかりだった。

CM会社をすぐに辞めると、虫プロの先輩で創映社を立ち上げた山浦栄二さんから、オリジナル作品「ゼロテスター」の監督を持ちかけられた。僕は「意識を変えて新シリーズに取り組めば」と思い、やってみたのですが、同時期の作品に打ちのめされた。「宇宙戦艦ヤマト」です。子どもが見ることを考えて、僕らは宇宙を星が輝く銀河のように描いていた。でも、本当は宇宙は真っ暗。そのリアルな世界を「ヤマト」は実現していた。僕らのアニメとは、ベースも志もまるで違っていた。

再び演出を離れ、多数のアニメの絵コンテや脚本を手掛け、自分の表現を模索した。その間も、アニメは進化の足を止めなかった。リアルロボットものの嚆矢「機動戦士ガンダム」が登場した時、またも高橋さんは打ちのめされた。だが――。

多くの漫画原作の作品と違い、「ガンダム」は制作現場から生まれたオリジナル作品。山浦さんは「ガンダム」のビデオを全巻持ってきて、「新たなオリジナル作品が欲しい。お前にも作る力があるはずだ。これを見て考えてくれ」としつこく誘ってきた。それで、もう一度やってみることにしました。

山浦が自分に求めていたものは後日、明らかになった。

「太陽の牙ダグラム」が軌道に乗り始めたころ、山浦さんは「良ちゃんも一人で何でもできる作り手ではなく、他の才能を集めながら作る集団作業の作り手なんだよ」と言った。「ゼロテスター」の時から、僕が仲間と一緒にオリジナル作品と格闘する姿勢を見てくれていたのでしょう。この言葉が、僕がアニメシリーズを続ける最大の理由となりました。山浦さんには本当に感謝しています。

「装甲騎兵ボトムズ」の小型ロボットで新機軸

高橋さんが世に問うた「太陽の牙ダグラム」は、地球連邦の植民地惑星デロイアを舞台に、地球

連邦高官の父と、その父にゲリラとして対決する子を描いた、従来ない作品だった。

僕の若いころは組合活動も盛んで、同世代はみな左翼に流れた。でも、僕はノンポリ。というのも組織労働者だった母が、労働者の理想を掲げる組合について、常々「現実と理想は違う」と内情を語っていたからです。だけど、それは個人、組織のどちらが正しいかという問題ではない。「ダグラム」では、善悪の判断は個人に帰した。一人の登場人物がある組織を悪と見なしても、誰にとっても悪とは限らない。そんな世界を描きたかった。

現実に即した世界観は反響を呼んだ。だが、物語がリアルであるほど、巨大ロボットという架空の産物が登場する必然性は低くなる。それをいかに違和感なく描くのかが、次作の課題だった。

ロボットというものは、設定上の大きさが一〇メートルでも五〇メートルでも、極端な話、一〇〇メートルでも帰結するところは同じ。演出としては不自然なくらい力強さだけを求められる。そう考えていた時、メカデザイナーの大河原邦男さんから、小型ロボットのモデルを見せてもらった。人間一人が乗れるだけで、実物なら四メートルほど。リアルな彩色で「このまま軍事兵器に転用できそう」と思った。

「装甲騎兵ボトムズ」の出発点だった。ロボットを小型化し量産兵器にする――これが高橋さんの答えだった。

最初はロボットによるプロレスを考えたけど、どうも漫画的。そこでカウボーイがロデオ大会を転々とする姿を描いた映画「ジュニア・ボナー」(七二年)を思い浮かべた。戦争しか知らず、普通の仕事に就けない主人公が、軍放出のロボット兵器によるバトルを見せ物にして生活の糧《かて》を得るというプロットをそこから考えました。

だが、実際にはバトル大会は、「ボトムズ」中の一エピソードにすぎない。

僕の役割は何かと考えていた時、山浦栄二さんが「(五二本分の)プロットを全部、自分で書いてね」と言った。「そうすれば〝自分〟が出てくるから」というのが言外ににじんでいた。そこで、スタッフとの打ち合わせの場にプロットを持ち込むのが僕の仕事と思ってのぞみましたが、大変でした。通勤途中の各駅に、なじみの喫茶店ができました。まず田無で降りて書き始め、仕上がらないと次の西武柳沢に行き、それでもダメだと東伏見へ……。

根底に抱き続ける「鉄腕アトム」の精神

「装甲騎兵ボトムズ」は、主人公キリコが軍の最高機密を知ったために追われる身となり、戦場から戦場へと放浪するのが主ストーリー。鈴木良武、吉川惣司、鳥海尽三の豪華な脚本家陣によって肉付けされた各話を、高橋さんは思いのままに描いてみせた。

四メートルのロボットを使うには、一〇メートルのロボットより圧倒的にスピーディーなアクションが求められる。パンチもボクシングのように体を振ってしまっては擬人化されすぎ、リアルではない。そこで思いついたのが、工事現場の杭《くい》打ち機。あれを横にして腕に組み込めば武器になる。一方、ロボットは量産兵器といっても表情は必要。そこで頭に可動式のターレットをつけた。学生のころ理科の実験室にあった顕微鏡や、16ミリカメラなどがアイデア源です。当時からのあこがれの品々で、何とか作品に採り入れたかった。

アナログな作品世界を包む陰鬱《いんうつ》な雰囲気も、身近にヒントがあった。

以前、ビートたけしさんがバイオレンスをテーマに映画「その男、凶暴につき」（八九年）を撮ると聞いた時、僕は「こう描くだろう」とわかった。というのも、僕はたけしさんと同じ東京の下町育ち。下町的にリアルなバイオレンスがわかるからです。「ボトムズ」でも、僕のそんな感覚が作品の匂いになっていると思う。

「ボトムズ」は奥深い作品世界のゆえか、テレビ放映では語られなかった物語が後にOVAで補われていった。その作業は続き、二〇〇七年から「装甲騎兵ボトムズ ペールゼン・ファイルズ」がDVDで発売された（＊その後、劇場版として二〇〇九年公開）。**そんな新作を手掛ける高橋さんのバイブルがあった。**

「アトム」です。ロボットものとして見ると、変身や合体といったアイデアは当時にして既に登場している。さすがに演出的には見るべきものは少ないけど、日本アニメの特徴である止め絵も多用されている。僕は行き詰まると、漫画の「アトム」を読む。日本のアニメは潤沢な予算と余裕ある日程で作られたことがないから、常に工夫を山ほどして「成立させてみせるぞ」という精神になる。それは「アトム」の精神なのです。

翻って、現代のアニメ界をどう見るか。

アニメ界はバブル。実体がないのに本数だけ増えている。少数の優れた作品を見た資本家が、安易にアニメに投資してくれているからです。そんな資本は、手を引かれたらすぐなくなる。そうならないために、作り手は同じような作品を量産するのをやめねばならない。自分たちの猟場を荒らしているにすぎないのですから。

（二〇〇七年八月二日、九日、一六日掲載）

高橋良輔（たかはし・りょうすけ）

一九四三年、東京都生まれ。虫プロダクションに入社後、「W3」や「どろろ」などの演出を経て、CM制作会社に移籍。その後、フリーとして、「ゼロテスター」の監督を担当するなど、サンライズ制作のアニメを中心に携わる。「装甲騎兵ボトムズ」では原作・監督を務める。他の監督作品として、「太陽の牙ダグラム」「ガサラギ」など多数。

石黒昇

「アートランド」を設立し、若い才能を輩出

卒論で〝アニメの未来〟見抜く

「鉄腕アトム」の放映開始の翌年、アニメ大国の未来を見通した人がいた。アニメ監督の石黒昇さんである。

大学の卒論で、テレビアニメについて書いた。各制作会社を回って話を聞くと、日本のテレビアニメは、動きではフルアニメのディズニーに劣るが、その分、ストーリーを重視している

とわかった。そこで論文を「日本のアニメはいずれ、ディズニーの漫画映画とは別種の大きな枝になるだろう」と結んだのです。

高校生のころ、貸本漫画家としてデビュー。一方、大の映画好きでもあり、大学は映画学科に進んだ。そこで出合ったのがアニメだった。

8ミリを使って、仲間たちとアニメを作りながら独学しました。同期の卒業生には、その後アニメ業界で活躍する人材が多くいましたが、当時は僕ほどアニメの知識と技術を持っていた人はいなかったでしょう。

卒業後、制作会社勤務とフリーを繰り返して演出家を目指した。だが、まず重宝されたのは絵を描く速さだった。

アメリカ向けの「がんばれ！マリンキッド」（後に「海底少年マリン」と改題）の制作を手伝うことになったのですが、聞くと、アメリカのスポンサーが三日後に来日して現場を見たいと言っているという。だけど、脚本があるだけで制作体制なんて何もない。僕は三日で絵コンテを描き、来訪当日、アニメーターに絵を描かせて乗り切りました。その後、「怪物くん」など藤子不二雄作品を演出しましたが、再び絵コンテ一本になり、最高で一カ月に一〇本も描いた。「ど根性ガエル」（七二年一〇月 - 七四年九月）の半分は僕の絵コンテ。でも、そんな生活は三カ月で嫌になった。

そんな折、〝本格的SFアニメ〟への誘いがあった。「宇宙戦艦ヤマト」である。時は戦後三〇年。チーフディレクターとなった石黒さんらスタッフが神経をとがらせたのは、先の戦争の影だった。

戦争ものをやりたがっていたプロデューサーの西崎義展さんも、〝ヤマト〟の名を使うことには慎重で、遺族会から許可をもらっていた。ただ、この点は監督の松本零士さんの方がマスコミの怖さをよく知っていて、ずっと敏感だった。戦艦大和を思い出すシーンで、西崎さんはBGMを軍艦マーチにした。それを知った松本さんが激怒して、降板も辞さないと言う。結局、最初の放映時だけは、その部分を「ヤマト」のBGMに差し替えました。

「宇宙戦艦ヤマト」の上映に長蛇の列

「宇宙戦艦ヤマト」は裏番組に押され、視聴率は一けた台に低迷した。しかし、石黒さんはアニメ新時代の予兆を肌で感じていた。

放映が始まると、スタジオにファンの高校生、大学生が訪ねてくるようになりました。そんなに上の世代まで見てくれているとは思っておらず、喜んで中を案内した。すると、彼らは書き損じの原画などを欲しがる。撮影を終えたセル画が邪魔だったのでプレゼントしましたが、残しておけば一財産でしたね……。

一本ごとに二〇〇万円の赤字。制作終盤、給料の支払いまで滞るようになると、西崎義展はテレビ版を再編集して二時間ものにし、アメリカに売る計画を立てた。

その噂《うわさ》を聞いたファンが、「見たい」と言い出した。最初、西崎さんは「ホールで上映会を開こうか」と言っていたけど、あまりの反響の大きさに、急きょ映画館に掛け合い、四館だけ上映にこぎつけた。すると上映前夜からファンが列をなして……マスコミも報道し、僕らもその列を見に行った。うれしかったですね。

日本アニメ史上、初のアニメブーム。石黒さんにとっても、本作はとりわけ思い出深い。

自分らしさが一番よく出ていると思う。例えば、宇宙機雷の登場シーンで、機雷をかすめて飛ぶヤマトの船体に機雷の影が落ちるのですが、その大きさや形が位置関係によって変化していく様子を手描きで描いた。今はコンピューターがあるから簡単ですが、このこだわりが自分がやりたかったこと。アニメの定番を踏み外してみたかった。

一九七八年、アートランドを設立。〝隠れ家〟のつもりだったが、石黒さんを慕ってくる若者は多く、同社は制作会社として成長した。そんな折、緻密なメカデザインで人気を博したスタジオぬえから、新作の話が持ち込まれた。

「超時空要塞マクロス」の企画を詰めていた時、ぬえに出入りしていた大学生に面白いのがいた。美樹本晴彦です。「彼にキャラクターを描かせてみよう」と決まった。ところが、うちのアニメーター陣が「素人がデザインしたキャラなんて描けない」と言い出し、辞めてしまったのです。

この大打撃にも石黒さんはめげなかった。

それなら、全部素人を集めて作ってやろうと思った。美樹本君の同級生の河森正治、その知り合いで、サンライズでメカを描いていた板野一郎といった、ほとんど実績もない若手を起用することにしました。

〝エフェクト〟に血が騒ぐ

「超時空要塞マクロス」で若手を起用した石黒さんだが、異能な人材をまとめ上げるのは容易ではなかった。

板野一郎君なんて、「もう撮影に入らないと間に合わないから、描いた分だけちょうだい」と言っても、どこかに逃げちゃう。そして数日後、完成品を持ってくる。まあ、僕もまだ若く、彼らに好きにやらせ、いざとなれば何とかする自信があったんでしょう。

同時期、庵野秀明、山賀博之らも石黒さんの下でアニメを学んでいる。今、日本アニメの中核を担う彼らと石黒さんとは、二〇歳以上もの年の差があるが、互いに相通じるものがあった。

僕の専門は水や火の動きを描くエフェクトアニメーション。キャラクターよりも、ミサイルの爆発シーンをどう描くか、といったテーマに夢中になる。板野君、庵野君もそこに面白さを感じるタイプなんです。

それは、かつて石黒さんが「ヤマト」で挑んだテーマ。三〇年後、再び石黒さんの血が騒ぐことになった。「蟲師《むしし》」（〇五年一〇月‐〇六年三月）である。

企画を聞いて、今までにない面白さを感じた。「ヤマト」一本の動画は三五〇〇枚ですが、この作品は一万枚使った。しかもエフェクトの部分は一コマ撮りで、すべて手描きです。僕はスタッフに「やめろ」と言ったのですが、聞きやしない……。これを制作した結果、大赤字が出てしまった。

物語をもり立てる自然物の表現は実に美しい。しかし、細部に凝るほど制作費はかかり、努力をしてもそれに見合う利益が出るわけではない。「蟲師」は東京国際アニメフェア・テレビ部門優秀作品賞を受賞したが、アートランドは二〇〇六年、別の制作会社の傘下に入ることになった（＊その後、二〇一五年に消滅）。

この作品をやって良かったのは、「うちにも優秀な連中がいる」とわかったこと。今、新企画を温めているところです。

卒論に記した〝別種の大きな枝〟は今後、どう成長するのか。

日本アニメの前身は漫画であり紙芝居。その源流は歌舞伎などの芝居。動きよりも心情を表現するものです。このユニークな表現方法を世界中の人がわかってくれた。ただ、その意義を今の若い人がどのくらい理解しているのか。若い人は「昔のアニメは映画みたいで面白かったのに、今はゲームみたいでつまらない」と言う。そのくせ、キャラの顔を描かせるとゲームみたいに真正面や真横ばかり。こうした表現まで世界が受け入れているとは思いたくないですね。

（二〇〇七年八月二三日、三〇日、九月六日掲載）

石黒昇（いしぐろ・のぼる）

一九三八年、東京都生まれ。日本大学芸術学部卒業。テレビ動画、大西プロを経て、「宇宙戦艦ヤマト」でアニメーションディレクターを担当。七八年にアニメ制作会社「アートランド」を設立し、「超時空要塞マクロス」のチーフディレクター、ＯＶＡ「銀河英雄伝説」シリーズの監督などを務める。一二年、逝去（享年七三）。

田代敦巳

音響監督として名作を彩る

音の効果にいち早く注目

懐かしいアニメのシーンを思い浮かべる時、不可欠なのが、各場面の雰囲気を決定する音楽や絶妙な効果音、声優の特徴ある声だ。田代敦巳さんはアニメの音の面白さにいち早く注目し、音響担当を目指して虫プロに入社したが、いきなり壁に突き当たった。

放送を始めたばかりの「鉄腕アトム」では、声優のキャスティングや音楽の監督はフジテレビでやっていて、虫プロには音の仕事はなかった。テレビ局でも音響ディレクターという呼び名はなく、プロデューサーの別所孝治さんが一手に引き受けていた。僕は仕方なく、現像所や録音スタジオにフィルムを運ぶ車の運転手をしつつ、フジテレビに行くたびに別所さんの仕事を覚えた。熱心だったせいか、間もなく仕事を任せてもらえるようになり、「アトム」の最後はほとんど僕が代行しました。

千葉県の名家出身の母親は、田代さんに幼時から蓄音機でクラシックを聴かせた。後に名曲をアニメで表現したディズニーの「ファンタジア」に大きく心を揺り動かされるが、下地はそこにあった。大学卒業後、NHKに籍をおいたが、スタッフ募集をしていた虫プロに飛び込んだ。そして鍛えた腕を試すチャンスがやってきた。

「ジャングル大帝」は、自分から申し出て音響を任せてもらった。自分が楽しければ、見る人も楽しいだろうと信じて取り組みました。まず作曲を大河ドラマ「花の生涯」（六三年放映）の音楽で注目していた冨田勲さんに依頼すると、「僕も手塚治虫さんのファンだ」と快く引き受けてくれました。

ただ冨田の熱心さは、虫プロ初の音響担当となった田代さんの予想を超えていた。テレビアニメの音楽は制作前にさまざまな曲調で何十曲も作曲し、それを各場面に当てはめる。だが、冨田は劇

場用ディズニーアニメのように、リスが木を登り、つと立ち止まる動きに曲をあてる――といった作曲にも意欲を燃やした。

僕が「それでは大変では……」と言っても、冨田さんは「ぜひやりたい」と。その思いに、僕も熱くなりました。二人で「ここはこの曲調でいこう」と決めると、冨田さんはキャラの動作と曲がズレないように、フィルムのコマ数を数え、要所ごとにパンチで目印を入れて作曲した。僕が冨田さん宅に次の回のフィルムを届けにいくと、玄関に出てきた冨田さんのズボンから、ぽろぽろとパンチのカスが落ちてきたものです。

「ムーミン」「ルパン」、新しい音響表現に挑む

虫プロで「どろろ」などを手掛けた田代さんだが、音が動画の〝盛り立て役〟では満足できなかった。一九六八年、グループ・タックを興して独立したのも、自分の音響表現を追求するため。挑戦心は「ムーミン」でさっそく発揮された。

作曲をお願いした宇野誠一郎さんは、「アニメ音楽とはこんなもの」と既存の枠で考えてい

た。それでも問題ないけど、アニメの中を音が自然に流れるだけでは、見ている人に何の引っかかりも残らない。僕は音をもっと主張して、聴いた人が「これは何だ」と驚くような作品をやりたかった。

宇野が作曲したスナフキンのメロディーの演奏を任せたのは、意外な人物だった。

六文銭の小室等《ひとし》さんが奏でるギターの音色がとても耳に残っていたので、お願いしました。それを聴いた宇野さんは、どこか不機嫌。先日、三〇年ぶりにお会いした時に聞くと、「自分の音楽世界を壊された気がした」と言う。「それは失礼なことを……」と言うと、「いや、そういう意味ではないよ」とも。僕の存在を異質に感じながらも、認めてくれていたようです。

声優も変えた。

僕は作られた声のアニメ声にはどうしてもなじめない。当時、新劇やテレビドラマで活躍していた岸田今日子さんが、少年の役を演じる時の木訥《ぼくとつ》でぬーぼーとした感じを思い出し、それでムーミン役をお願いしました。

岸田の落ち着いた声は、豊かな表現力でメルヘン世界を支えた。これと正反対で、全編を軽快なジャズが貫く「ルパン三世」も田代さんの発案だ。

学生のころからジャズが好きでしたから。エンディングテーマの歌詞「足元にからみつく……」は、タックによく遊びに来ていた若い女性の詩が面白いと思って採用した。主題歌のチャーリー・コーセイさんは、虫プロの長編「千夜一夜物語」（六九年）で初起用したミュージシャン。みんな新人ですね。

「宇宙戦艦ヤマト」の第一話、地球が遊星爆弾の攻撃を受ける有名なシーンも、逆転の発想から生まれた。

プロデューサーの西崎義展さんから、「できるだけ大音響でやってよ」と言われた。でも、それではありきたり。作曲の宮川泰さんと相談して、弦の旋律でソプラノのスキャットが流れる中、爆発音が静かに聞こえる……という音にした。その方が地球の悲惨な様子をありありと表現できると思ったからです。試写で西崎さんは声を失っていました。

自分のこだわり「まんが日本昔ばなし」で表現

田代さんの挑戦心が作品全体にわたって発揮されたのが、「まんが日本昔ばなし」（七五年一月 - 三月、七六年一月 - 九四年九月）だ。

アニメーターはそれぞれ独自の画風を持っているけど、通常はそれを封印してみんなと同じ絵を描くことを要求される。僕は以前から、「それでは欲求不満がたまるだろう」と感じていた。「昔ばなし」は一本が一一分ほどで、それぞれ話も異なる。ならばと、アニメーター一人に一本ずつ任せました。

歓喜するアニメーターたちを横目に、田代さんは全作品を貫く芯《しん》を用意した。〝声〟だ。

登場人物は一本で一〇人にも及ぶけど、それだけの声優に出演してもらう余裕はない。それで男女二人だけで、さまざまな声色を使ってやることにしました。当時、影絵の劇団で、いろんな役を器用にこなしていたのが市原悦子さん。市原さんをツッコミ役とすると、ボケ役が必要と、僕がファンだった常田富士男《ときた》さんにお願いしました。

きびきびした市原の声と、のんびりした常田の声の絶妙なマッチングは、放映中、目をつぶっていても視聴者を昔ばなしの世界へ引き入れた。だが、苦労もあった。

常田さんはあまり器用でなく、「街道沿い」と言うべきところで、何度やっても「かいどい沿い」。リラックスさせようと、僕が二人の間に入って長々と雑談し、もういいだろうと録音を始めると、また「かいどい沿い」。最初は笑顔だった市原さんも、だんだんすさまじい形相に……。

「朽ち始めたどぶ板にあえて足を乗せる」という田代さんの方針そのままに、グループ・タックはその後も、宮澤賢治の小説を擬人化した猫のキャラクターで描いた「銀河鉄道の夜」、手描きのCGアニメ「あらしのよるに」と、話題作を制作。どぶに落ちるどころか、アニメの新境地を開拓してきた。「グスコーブドリの伝記」も制作中だ（＊その後、二〇一二年に公開）。

日本のアニメとは、〝落ちこぼれの美学〟。日本のコミックは社会制度などを否定した落ちこぼれが、自分のこだわりを表現することで伸びてきた。アニメもその延長にある。これが世界でウケたのは、海外の若者も九割がた、落ちこぼれと自覚していたからでしょう。ただ、それは落ちこぼれだからこその価値。アニメをこの国独自のメジャーな文化と声高にうたう今の風潮には、抵抗を感じる。そう言った途端、価値がなくなるように思えてならないのです。

（二〇〇七年一〇月四日、一一日、一八日掲載）

田代敦巳（たしろ・あつみ）

一九四〇年生まれ。日本大学芸術学部卒業。虫プロダクションに入社し、「千夜一夜物語」「クレオパトラ」などで音響監督を務める。六八年、部下だった明田川進、虫プロ出身の杉井ギサブローらと「グループ・タック」を設立。「ムーミン」「ルパン三世」「まんが日本昔ばなし」「宇宙戦艦ヤマト」などで、録画や音響監督を担当。杉井ギサブロー監督作品の「ジャックと豆の木」「タッチ」「銀河鉄道の夜」などでは、製作にも携わる。一〇年、逝去（享年七〇）。

コラム

4 マーチャンダイジングの功罪

日本のテレビアニメ制作を最も特徴づけるのが、独特のビジネスモデルである。欧米では、アニメ作品は実写映画と同様に、制作会社が作品を作り、配給会社などに販売することで成り立ってきた。

日本国内では一九六〇年代初頭、既に外国産のアニメがテレビで放映されて人気を集め、国産のアニメ制作が待ち望まれていた。だが、まともに三〇分ものを制作するとなると、「単純計算で1本あたりのスタッフ数が100人、制作期間は6カ月、少なく見積もっても予算が3000万円となる」（山口康男編著『日本のアニメ全史』／テン・ブックス）ため、当時の「30分番組1本の制作費相場が50～60万円」（同前）と照らせば、まったく非現実的だった。「漫画の神様」手塚治虫さん率いる旧・虫プロダクションがテレビアニメに参入したのは、こんな状況だった。

日本初の毎週一話三〇分もののテレビアニメ「鉄腕アトム」の制作に至る内幕については、虫プロ営業部次長だった須藤将三さんの証言（P46参照）が詳しいが、「一話につき五〇万円」という制作費は少なすぎて、とても実際の制作費を賄《まかな》えるものではなかった。赤字分の一部は、テレビ局などとの間に入った広告代理店から補填されていたが、それでもまったく不足していた。

当初、手塚さんの漫画の売り上げで残りの赤字分を補填する予定だったが、スポンサーとなったお菓子メーカーなどが、アトムのイラストなどを使った関連商品を売り出し、それが爆発的に売れたことで状況が一変した。そのロイヤルティー収入が、赤字を補って余りある利益をもたらしたからだ。以後、大半の商業テレビアニメが、この「マーチャンダイジング（商品化計画）」方式による収入を当てにして制作されるようになり、日本式のテレビアニメ制作のビジネスモデルとして定着した。

やがて「マジンガーZ」が放映されると、アニメ内に登場するロボットのプラモデルや「超合金」と呼ばれる金属製のフィギュアが大ヒットした。以後、いわば「ロボットのおもちゃを販売するためのPR」として、玩具メーカーをスポンサーにしたロボットアニメが数多く作られた。

「機動戦士ガンダム」も、本書で富野由悠季さんが語る（P215参照）ように、そもそもは作中に登場する合体ロボットの関連商品を売るための仕掛けだった。宇宙戦争を舞台にした人間ドラマが注目されたが、制作者側はスポンサーの意向を十分に理解したうえで、許容されるギリギリの線で自分たちが追い求める表現に挑んでいたのである。

だが、この方式では、マーチャンダイジング収入が振るわなければ、制作費を補填できない。アニメ制作には多額の資金が必要だが、テレビ局やスポンサー側にはそのリスクを考慮して、制作費を可能な限り抑えたいという誘因が働く。

　他方、手塚さんと旧・虫プロの関係のように、アニメの著作権者と制作会社が一致しているのなら、マーチャンダイジングによる利益を制作会社自身で享受できるが、外注の制作会社の場合は、作品がヒットしたとしてもその恩恵にはあずかれない。結果的に、制作会社には必要最低限の制作費しか提供されず、その中でやりくりせざるを得ない。そんな状況は変わらないまま、現代に至っている。

　コラム3で記したようなアニメ制作環境の過酷さの一因が、このビジネスモデルにあるのは間違いないが、この構造を変えるのはなかなか難しい。仮に、マーチャンダイジングを当てにせずにアニメ制作をするとしたら、スポンサーが尻込みするのは確実で、実際に制作されるテレビアニメの本数は、今よりずっと減るのではないか。こうした状況の中で、テレビ局だって暴利をむさぼっているわけではない。ヒットするかどうかわからない新作アニメを、途切れずに視聴者に提供し続けてきた日本のテレビ局も、アニメ大国の立役者と言っていい。

　さて、アニメ業界の低賃金体質について、有名なのが宮崎駿さんによる手塚さん批判である。一本五〇万円という安価で「アトム」の制作を請け負ったから、以後、制作費が常に低いという弊害が生まれた、というのである。この指摘が正しいかどうかは、中川右介さんの『アニメ大国 建国紀1963-1973』（イースト・プレス）が詳しいので、そちらに譲りたい。

現代では、マーチャンダイジングも手法が多様化し、メディアミックス展開なども手伝って、アニメ作品を契機としたファンの消費行動は、単に関連商品の購入にとどまらず、聖地巡礼など多岐にわたっている。しかし、そんな中で、アニメ制作者だけがぽつんと低賃金のまま取り残されているという印象が強い。

その状況を変えるかもしれないのが、テレビアニメで人気が沸騰し、アニメ映画が記録的な大ヒットとなっている「鬼滅の刃」(二〇年)だ。制作したユーフォーテーブルは、「鬼滅の刃」のコラボカフェなどを展開し、関連商品も販売するなど、独自にマーチャンダイジングで収入を得ている。その利益を作画環境に反映させることで内製率も向上させ、これまでのテレビアニメの映画化とはまったく違う高品質のアニメを完成させたとして、業界内でも注目されている。同様に、京都アニメーションも自社制作作品の関連商品を販売することで、作画環境の改善につなげている。そして、両社の制作者の多くは社員であり、社会保障も充実している。

すべての制作会社が同様の体制を整えることは難しいと思われるが、日本が今後もアニメ大国と呼ばれ続けるためには、労働環境の改善は欠かせない。そのためには、独自にマーチャンダイジング展開ができる体制を整えた制作会社が、一つでも増えることが求められるのではなかろうか。

芝山努

「ど根性ガエル」「ドラえもん」の美しい絵コンテ

「ど根性ガエル」の軽快さ、ギャグとマッチ

視聴率一〇〇%の男。それがアニメ監督でアニメーター、芝山努さんの異名だ。一九九〇年代、自身が手掛けた「ドラえもん」「ちびまる子ちゃん」「まんが日本昔ばなし」の視聴率合計は一〇〇%を突破した。だが、芝山さんは、そんな実績を誇るでもなく、淡々と語る。

自分が手掛けてきた作品のラインナップを振り返ってみても、これがやりたかったという作品はないですね。むしろ、引き受けた作品を自分の土俵に持ってきちゃう。職人的な意識が強いかな。

アニメーター志望だったわけではない。東映動画に入社したのは、東映CM部に採用されなかった代わりだ。しかし、前から好きだった絵を勉強すると、腕はめきめき上がっていった。

当時、会社はテレビ要員を急激に増やしていたせいで、アニメの演出なのに絵が描けない人もいた。例えば「狼少年ケン」では、ある演出が描く絵コンテは、丸の中に点があって「ケン」とあるだけ。二人で旅館にこもって、彼が描く丸と点の絵コンテを僕が清書しましたよ。

テレビアニメが隆盛になる中、同期の小林治に誘われてAプロダクションに移籍。そこで東映動画時代の先輩、大塚康生から多くを教えられた。

「ムーミン」で僕がムーミンの顔を直していたら、「そんなのより、動きを考えなくちゃ」と言う。そんな大塚さんの描くムーミンは、原作と似ていなかった。だけど、「みんなで描くと、この顔になる」と言う。ヤンソンの個性が出た原作を複数のアニメーターで描いた時、一番似通うのがその絵だと……。だから、キャラクターを直すより、動きを考えろと言ったんですね。作画理論だけでなく、制作陣の人の和を大切にするといった面でも学ばせてもらいました。

〝動きの表現者〟の才能はすぐに発揮された。小林とともに作画監督を務めた「ど根性ガエル」では、ひろしやピョン吉の軽やかな動きが、ほのぼののギャグとマッチして大人気となった。

「ど根性」は僕の仕事と言われるけど、作画の中心は小林です。僕は彼の画風から影響を受け、後半は絵の区別ができないほど似ていた。ただ、その後、小林の画風はがらっと変わったのに対し、僕の方はそのまま「ドラえもん」にもつながる仕事になった。ほら、のび太のメガネを頭にかけると――。

「ドラえもん」原作キャラを〝子育て〟

芝山さんの絵コンテは美しい。絵コンテとは、場面ごとの登場キャラクターや構図で演出意図をアニメーターに伝える設計図。たいていはラフなスケッチだが、芝山さんのそれは、まるで〝完成品〟だ。

脚本を読んでいると、絵が浮かんできてしまうんです。以前から演出が脚本だけではイメージできない具体的なシーンを、僕が絵で描いて代弁していました。シナリオ会議があると僕はその最中に、もう絵を描き始める。みんなが「どうやって絵にするの」と疑問を持った場合でも、僕の描いた絵を見せれば一発で理解してもらえるんです。

驚くべき想像力が絵コンテとなるきっかけが、「ドラえもん」だった。劇場用長編（八〇年 - ）で八三年から二二作の監督、テレビシリーズ（七九年四月 - 現在）で八四年から二〇年間、チーフディレクターを務めた代表作だ。

劇場用第九作「のび太のパラレル西遊記」（八八年）で、藤本弘（藤子・F・不二雄）先生が健康上の理由でお休みになった時、絵コンテをきれいに描こうと思ったのです。こうすると、アニメーターも「きれいに描かなきゃ」という気になるでしょう。きれいすぎて、アニメーターが想像する余地がないという不満も出ましたが……。

芝山さんの想像力が、「ドラえもん」人気を後押ししたのは間違いない。ただ、魅力の源泉は原作にあるという。

未来から来たドラえもんとダメ人間・のび太、ガキ大将のジャイアン、金持ちのスネ夫、マドンナのしずかという五人の設定がすごい。これがなかったら何もできない。「ちびまる子ちゃん」（九〇年一月‐九二年九月、九五年一月‐現在）や「忍たま乱太郎」（九三年四月‐九四年三月、九四年一〇月‐現在）もそうだけど、僕は原作者から子どもを預かるような気持ちでキャラクターを置き、話を作っています。

絶妙な設定のキャラを〝子育て〟する。これが長く人気を保つ秘密なのか——。だが、芝山さんはそんな「ドラえもん」を劇場用、テレビとも〇四年で降板した。

大人っぽくなった自分に気づいたからです。どうしても「もっと面白く」と求めてしまう。劇場用では、のび太たちの敵がだんだん巨大化した。子どもの興味を引っ張るために、笑いより恐怖を使ってしまった。やはり原点に戻り、笑いで引っ張らないと……。新スタッフによる〇六年の劇場用は、八〇年の第一作と同じ恐竜の話（「のび太の恐竜2006」）でしたね。原点に戻ろうと考えたのでしょう。

一行でも下敷きがあれば、壮大なアニメーションに

芝山さんが第二期から総監督を務めた「まじめにふまじめ かいけつゾロリ」（〇五年二月 - 〇七年一月）のストーリーボードは、絵コンテよりさらにすごい。絵コンテが各場面なのに対し、こちらは物語全体を表現した壮大な芝山ワールドだ。

みんなこれを見ると、びっくりしますね。この作品は毎週、場面設定が違うので大変ですが、僕は資料は見ず、頭の中にあるものだけで描く。描いた建物や機械は、その道の人が見たらおかしいところだらけだと思うけど、普通の人は本物と思っちゃうでしょうね。

謎めいた機械や動き回るキャラ――。スタッフでなくても、心躍らせつつ物語を思い浮かべてしまう魔法の一枚だ。ならばいっそ、芝山さんオリジナルを見たいが……。

「完全なオリジナルを」と言われると、できないんです。でも、何か一行あれば三〇分ものでもできる。「昔あるところにおじいさんとおばあさんがいました」、これで一本できます。アニ

メーター気質でしょうか。原画を下敷きに、一枚ずつ動画を描いていくのと似ている。何か下敷きがないと不安なんですよね。

原作をどう自分のものにするか。「ちびまる子ちゃん」には困った。

絵には立体感がなく、内容も原作のさくらももこさんの日記のよう。変にアレンジしたらかえっておかしいと、漫画をそのままやることにした。ただ、まる子の正面の顔には鼻がないので、奥から手前に駆けてくる場面だと、顔の中央に空白があっておかしい。そんな時は、画面の上から下にまる子を移動させることで表現しました。試写でさくらさんは喜んだけど、テレビ局からは「視聴率が上がらなかったら、このスタイルは変えてもらうかもね」と言われました。なんで人気が出たのか僕もわかりません。

芝山さんは七八年に、朋友《ほうゆう》の小林治とアニメ制作会社「亜細亜堂」を興している。〇六年には、毎日映画コンクールの審査員として、劇場版アニメ「鋼の錬金術師 シャンバラを往く者」を見て驚いた。

何しろよく動く。ストーリーはよくわからないけど、思わず見入ってしまった。今のアニメーターはみな動かし方がうまい。ただ、デジタル技術によって表現できる内容も変わっていくのではないか。デジタルだと素朴な雰囲気が伝わってこない印象がある。例えば、CGでギャグができるでしょうか。僕は作画でパソコンは使わないし、携帯電話も持ってない。やはり素朴な義理や人情を大事にしたいと思うのです。

（二〇〇六年八月二四日、三一日、九月七日掲載）

芝山努（しばやま・つとむ）

一九四一年、東京都生まれ。明治大学文学部卒業。東映動画に入社後、Aプロダクションに移籍し、「ムーミン」「天才バカボン」「ど根性ガエル」などで作画監督を務める。七八年、小林治らと「亜細亜堂」を設立。「ドラえもん」では長くチーフディレクターを務め、映画版大長編でも八三年の「のび太の海底鬼岩城」から〇四年の「のび太のワンニャン時空伝」までの各作品で監督を務めた。他の監督作品として「ちびまる子ちゃん」「忍たま乱太郎」など多数。一二年、文化庁映画賞を受賞。

岡崎稔

鳥山明原作アニメが世界的な大ヒット

寝耳に水の演出家デビュー

アニメ監督の岡崎稔さんが「鉄腕アトム」の演出を手掛けるきっかけは、友人の〝はったり〟だった。

実写映画のシナリオや監督をやりたくて大阪から上京してきたのですが、当時は狭き門でチャンスに恵まれなかった。そんな折、中学時代からの友人で、貸本漫画家として活躍していた永樹凡人《ながきふさひろ》君から、「会社を作るからこないか」と誘われた。彼は貸本漫画に見切りをつけ、東映動画に入社していたのですが、仲間とともに独立してアニメの外注をするというのです。

独立プロの走り「ハテナプロ」は、六四年に設立。岡崎さんはハテナでアニメを学びながら、企画を立案したり、シナリオを書いた。だが――

半年ほど経って、永樹君から「アニメの仕事を受けるから」と言われ、虫プロに連れて行かれた。彼はかつて手塚治虫さんに弟子入り志願したこともある顔見知り。ところが彼は、手塚さんを前にいきなり「彼が演出をやりたいと言ってるけど、どうでしょうか」と僕を紹介したのです。

寝耳に水。だが、友人の顔もつぶせない。

「一生懸命やります」なんて調子を合わせると、手塚さんは「それじゃ、絵コンテを切ってみて」と脚本を渡された。もちろん僕は、絵コンテなんて切ったこともない。逃げて帰ろうかとも思ったけど、「『アトム』は初めてなので、参考に、これまでのものを見せてください」と言って三、四冊絵コンテを借りてきた。その中から似たシーンを見つけては、絵コンテを切った。土台は手塚さん自身が切ったコンテなのでＯＫが出て、そのまま演出もしました。

信じがたいが、これが岡崎さんの演出デビューだ。「アトム」を手掛けたとわかると、東映動画からも仕事がきた。

当時、東映本体の助監督が大挙してアニメの制作現場に来ていて、「カメラの入り方が間違っている」と言われたりした。だけど、僕は「虫プロではこれでOKでしたよ」などと抵抗して乗り切った。ただ、音関係は困った。何をやっていいかわからない。僕が声優に注文を出さないでいると、彼らはゴルフの話なんかを始めてしまう……。録音チーフが締めてくれて、何とかしのぎました。

にわか演出家も三、四年で板についた。

演出家に希少価値があったのでしょう。僕は試写の時、これでダメならもう依頼はこないと腹をくっていたけど、必ず次の仕事をくれました。

斬新な鳥山明の絵に魅せられ

ハテナプロが六九年、アニメ制作とは別の経営上の問題から解散すると、所属スタッフは複数の制作会社を設立した。岡崎さんは、最も多くのスタッフが残ったスタジオジュニオの一員となった。

それぞれのグループで、少しずつモノづくりの考え方が違っていた。当時はアニメ制作で実績のある数人が、「こういうものが作りたい」と意気投合すれば、アパートの一室でも借りて実現できた時代。僕は自分のやりたいものをやれればと、ジュニオに参加しました。

東映動画や東京ムービーで手掛けた作品は、「タイガーマスク」、「はじめ人間ギャートルズ」、「魔女っ子メグちゃん」（七四年四月 - 七五年九月）……。軒並みヒットした。

こちらから「やりたい」と手を挙げた作品と、依頼がきた中から気に入ったものを選んだ作品と、二種類あった。選ぶ基準は今も同じで、原作が面白いか、絵が斬新であるかのどちらかですね。

だが、あらゆる種類のアニメをこなしてきた岡崎さんの目をくぎ付けにする作品が現れた。そしてできたのが「Dr.スランプ アラレちゃん」（八一年四月－八六年二月）である。

今までとまったく違うシャレていて新鮮な絵。「こんな面白い原作があるのか」とびっくりして、鳥山明さんの漫画を読むと従来のアニメと世界観もまったく違う。「こういう作品をアニメ化できなければダメなんだ」。そう思いました。

チーフディレクターと演出を担当。人気漫画ほど原作者から要望が出るケースが多いが――。

鳥山さんは「アニメはアニメとして作ってください」と言う。僕は五年間作り続け、年に一回ほどは鳥山さんと顔を合わせましたが、注文は一度もありませんでした。自分の遊び心を自由に表現できました。

その演出術は、〝自分を信じること〟だ。

自分の中で面白いと感じたものを、三〇分の枠の中で自分なりに作る。視聴者が「どう思うだろう」とは考えない。それをやってしまうと、作り手も「面白く見せてやろう」などと考え、逆に面白くなくなってしまう。

最高視聴率三六・九%に達した「Dr.スランプ」は、作る側も夢中にさせた。

放映中に「ぜひやりたい」と演出などを希望する人が多く、スタッフが増えていった。アニメーターも「描いていて楽しい」と言う。昔のアニメ作品は絵が古く感じるものが多いのですが、「Dr.スランプ」は今もそう感じない。鳥山さんの絵はそれだけ魅力があるのです。

恵まれないアニメ環境に解決のめどは

鳥山明の絵が魅了したのは、国内の人だけではなかった。岡崎さんがチーフディレクターを手掛けた「ドラゴンボール」(八六年二月‐八九年四月)は、世界的なヒットとなった。

日本で人気のアニメでも海外に持っていくと敬遠されるケースが多いけど、鳥山さんの作品だけは世界中どこでも大人気。やはり鳥山さんの絵の魅力と、悟空が戦いを繰り広げる中、見たこともないような世界観が出てきたからでしょう。

「ドラゴンボールZ」（八九年四月・九六年一月）など一連のシリーズは、アメリカでビデオ、DVDの総売り上げが二五〇〇万枚を突破（*二〇〇七年時点）。そこまで人を引き付ける絵とは何か。

昔、大塚康生さんが「ルパン三世」の絵を描いていた時、うちのアニメーターが原画を壁に貼って眺め、「この感じが出せないんだよなあ」とうなっていた。そう言う本人も絵はうまい。僕では、大塚さんと彼の絵とでどこが違うのかもわからない。でも、突き詰めた人間ならわかる何かがある――。

岡崎さんは九八年、仲間と「シナジージャパン（現・シナジーSP）」を設立して独立した。

虫プロがアニメ制作を始めて二〇年間は恵まれていた。しかし、今や最も恵まれない職業がアニメ。一般企業では大卒の初任給は今、約二〇万円ですが、アニメーターは八万円ほどにすぎない。制作費が安いからです。一本一〇〇〇万円として、原画の割り当て分はせいぜい一四〇万円。一カット四〇〇〇円です。昔と比べ、今の絵は細かく、アニメーターがどんなに一生懸命描いても三〇カットが限度。それでも一二万円にしかならない。しかし、足りないからといって他を取り崩すと、そちらが足りなくなる。

だから、米国ワーナーブラザーズの「バットマン」（九二年日本放映開始）を手掛けた時はショックだった。

三〇分もの一本の動画枚数は、日本では三五〇〇枚程度なのに、三万枚も使う。一本の制作費も三〇〇〇万円と、当時の日本の一〇倍。一番いいのは、日本も制作費が高くなることだけど、解決のめどは立ちません。

今後、日本アニメはどうなるのか。

韓国などは文化政策として国がアニメ制作に資金援助してくれますが、日本はかけ声だけで税金面での優遇や低利の融資もしてくれない。実写に喩えれば、アニメーターは役者。役者が疲弊すれば当然、いい作品など生まれない。日本のアニメに未来は……ないいんじゃないかな。

（二〇〇七年一一月六日、一三日、二〇日掲載）

岡崎稔（おかざき・みのる）

一九四二年、大阪府生まれ。実写映画制作のために上京するが、永樹凡人に誘われて「ハテナプロ」に参加し、「鉄腕アトム」などの演出に携わる。六九年に同社が解散すると、「スタジオジュニオ」へと継続移籍し、「Dr.スランプ アラレちゃん」のチーフディレクターや「ドラゴンボール」のシリーズディレクターなど、多数の作品の演出を務める。九八年に我妻宏、前田実とともにシナジージャパンを設立する。

香西隆男

苦労しながら歩んだアニメーター人生

時代の波に乗り、「スタジオジユニオ」急成長

地獄を見た男——。アニメーターの香西《こうざい》隆男さんは、自身のアニメ人生を振り返ってそう言う。その発端は、漆にかぶれたことだったのかもしれない。

高松は漆絵が盛んで、僕も漆職人になろうと高松工芸高校に進学したのですが、ひどくかぶれる体質。就職が難しくなったため、先生から大学進学を勧められ、彫刻を一から教えてもら

い、東京芸大に入学したのです。

同校から一〇年ぶりに大学進学を果たした期待の星。しかし、入学時に結核と診断された。

映画館で時代劇をよく見た。その影響で、卒業時には「映画の裏方になろう」と東映の採用試験に応募しました。それがアニメ関係の募集と知ったのは、試験の時。それまでアニメはまったく知りませんでしたが、入社後「西遊記」を手掛けて、「これは総合芸術だ」とわかって面白くなった。間もなくアニメーターになりましたが、二年目に結核であることが会社にばれ、僕は丸一年入院させられた。それでも給料は上がったので、東映さまさまだったのですが……。

旺盛な独立心が安住を許さなかった。一九六四年、友人の誘いに乗り、退社して「ハテナプロ」を設立した。

東映にいたら、東映の仕事しかできない。自分のキャラクターでアニメを作ろうと飛び出したのです。先輩たちからは「一年も続かねえよ」と言われましたが、東映の当時の社長が経理などを指導してくれました。

無謀な若者たちを時代は見捨てなかった。「鉄人28号」を皮切りに、東映動画、東京ムービーの下請けをこなしていくと、仕事は軌道に乗った。ハテナが解散後の六九年、香西さんは「スタジオジュニオ」を興して代表に就いた。

「はじめ人間ギャートルズ」からは、各話ごとの受注だけではなく、総作画監督も任されるようになりました。ただ、僕は長期の作品は苦手。長いと他のアニメーターに合わせて描いた自分のキャラが気に入らなくなってしまうのです。「巨人の星」では明子の顔を描くたびに、「前と顔が違う」と呼び出された。後の「新・巨人の星」（七七年一〇月‐七八年九月）では、僕自身の絵でやらせてもらいました。

会社はぐんぐん成長した。一カ月に二〇作品も受注し、スタッフも一三〇人にまで増えた。

あくまでオリジナル短編をやるのが目標でした。でも、スポンサーはつかないし実績もない。とにかく発言力を持ちたいと、どんどん人を増やしたのです。

多作の果てにも、立ち行かない経営

東映動画や東京ムービーの作品といっても、実際に制作するのはスタジオジュニオ。七〇~八〇年代の両社のアニメ作品で、香西さんが手掛けた作品は四〇〇以上。無関係な作品はほぼ皆無と言っていい。

総作画監督になると、すべての絵に責任を持たなくてはならない。しかも、一本につき一週間でOKがもらえないと会社の経営が立ち行かないので、必死に努力した。そのうち元請けの制作会社から、「任せるから」と言ってもらえるようになりました。

だが、どんなに働いても、収入は制作費のみ。漫画を放り込めば、アニメになって出てくる機械——そんな扱われ方が不満だった。

一本やろうが一〇〇本やろうが同じ。利益追求なんて不可能。元請けの制作会社には、「一切の権利の買い取りをやめろ、漫画家と同等の権利をこちらにも認めてほしい」と三〇年間、言い続けてきましたが、いまだに認めてもらえません。漫画家はアニメを作れない。だから、他人の絵とそっくりに描ける作画監督が必要。でも、アニメについて権利があるのは漫画家だけで、作画監督には何の権利もない。アニメーターとは、作画監督とは何なのかと悩んだ結果、テレビは「おはよう！スパンク」（八一年三月 - 八二年五月）を最後に降りました。自分の絵でアニメを作りたいという初心が忘れられなかったのです。

思いをぶつけたのが、学校などで上映される教育アニメだった。

短編「ごんぎつね」（七九年）から手掛けました。商用アニメと違い、スポンサーのしがらみがない。短編「タイコンデロンガのいる海」（九一年）では、絵本とアニメの絵をすべて僕が描いた。これなら権利も僕にある。でも、他のスタッフは関心を示しませんでした。

ジュニオの脆弱《ぜいじゃく》な経営基盤を根幹から揺るがす事件が起きたのは、その後だ。「白鯨伝説」（九七年）では制作の遅れから元請けが倒産し、ジュニオも損害を受けた。「ガンドレス」（九九年）でも制作が遅れ、大半が未完成のまま公開という前代未聞の事態を招いてしまったのだ。

絵コンテが上がってこなかったのです。僕は有能なスタッフをそろえて待っていたのですが、彼らは他にも作品を手掛けているから、待ってもらうわけにいかない。残ったスタッフだけではとても……。僕はジュニオのスタッフをそれぞれ独立させて、テレビシリーズの制作を続けてもらい、失敗の責任は全部自分がかぶることにしました。

下請けではない独立した制作体制への道筋を

数百本のアニメで子どもたちを画面にくぎ付けにしてきた対価は、多額の負債だった。ジュニオは活動を停止し、香西さんは自分が育てたスタッフが別会社で活躍するのを尻目に、事後処理に奔走した——。だが、話はこれで終わりではない。香西さんはまだ夢をあきらめていない。

ジュニオの時代はいろいろとよくしてもらった。その恩返しがしたい。アニメ界の最年長者としての役目が僕にはある。

千葉県八千代市で幼稚園や塾を展開する有馬学園グループの協力を得て「エー・ジェー」を設立、アニメ制作を指導する。二〇〇六年から宝塚造形芸術大学の教授にも就任した（＊二〇一〇年まで）。

この二〇年、東南アジアなどへの外注が増え、確実に日本のアニメは空洞化した。いまだに下請けの制作会社はスタッフを社員として雇用する余裕がない。それぞれのスタッフも能力給だから、国が定める労働者にも当たらない。そのため、法律による保護の対象にすらならないのです。

業界の体質は、ジュニオが陥った落とし穴を抱えたままだ。

大学の学生たちは卒業後の働き口として、有名な制作会社の名を挙げますが、僕は「アニメ界は能力給だ。アーティストとしての自覚を持つこと」と言い聞かせます。今、元請け制作会社に対して、労働条件の改善を訴える社も出てきました。その動きはたたえたいけど、問題の解決は難しいと思う。それが三〇年間、闘い続けてきた僕の感想です。

では、どうすればいいのか。答えは、自立しかない。

学生には「就職が心配なら、おれのところに相談に来い」と言う。浜松市の絵本作家・なすだみのる（那須田稔）さんの代表作「忍者サノスケじいさん」シリーズをアニメ化する計画を進めているのです。制作資金を出してくれると言ってくれている人もいる（＊その後、制作は中止）。これがうまくいったら、次は僕のオリジナルアニメを手掛けるつもりです。ただ、教育アニメなので、投資した資金をどう回収するかが問題ですが……。

目指すのは、新時代のアニメ制作の橋頭堡《きょうとうほ》を築くことだ。

下請けの仕事をこなすのにきゅうきゅうとするのではなく、本当の意味で独立した制作会社としてやっていける道筋を示したい。成功すれば、後に続く人も出てくるでしょう。実はこれこそ、僕が東映動画を飛び出した時からの夢。今、やっと夢の核心に触れ始めたのです。

（二〇〇八年一月一〇日、一七日、二四日掲載）

香西隆男（こうざい・たかお）

一九三七年、香川県生まれ。東京芸術大学卒業。東映動画に入社後、永樹凡人、小泉謙三、我妻宏と「ハテナプロ」を設立。六九年、同社が解散すると「スタジオジュニオ」を設立し、代表となる。作画監督としては、「はじめ人間ギャートルズ」「新・巨人の星」「おはよう！スパンク」などを手掛ける。スタジオジュニオが制作活動を中止して以降は、かねて力を入れてきた教育アニメの制作を中心に活動する。

湯山邦彦

「ポケットモンスター」はゲームから世界的アニメに

忘れられていた〝魔法少女もの〟で、少女に夢を

世界中の人々を魅了し続けている「ポケットモンスター」のアニメ（九七年四月・現在）。一連のシリーズを手掛けているアニメ監督の湯山邦彦さんが、自分の演出に手応えをつかんだのは、実に地味な作品だった。

「くじらのホセフィーナ」（七九年四月・九月）の一話を手掛けた時です。それまで原作のイ

メージ通りに作っていたのが、初めて自分なりに納得いく演出ができました。

スペイン作家原作の本作は、内気な少年サンティーが、自分だけに見える不思議なクジラ・ホセフィーナと繰り広げるファンタジー。担当したのは、サンティーが帰宅すると、両親の姿形はそのままなのに別人のように性格が変わっている――というシュールな話だ。

成長途上の少年の葛藤や不安をうまく表現できた。「アニメでこんな世界まで描けるのか」と気づいたのです。

アニメや漫画が好きな子どもだった。大学受験に失敗後、自宅近くのアニメ制作スタジオでアニメーターのアルバイトを始めた。

他のバイトもやりましたが、絵を描くのは一日二〇時間くらい集中していても苦にならなかった。その後、絵コンテも任されると、演出もやってみたくなりました。

「くじらのホセフィーナ」を作った葦プロダクションは、才能を見逃さなかった。「戦国魔神ゴーショーグン」（八一年七月 - 一二月）でも演出に起用すると、次作では総監督を任せた。

以前からドラマ「奥さまは魔女」を見て、魔法ものをやりたいと思っていた。魔法少女ものは当時、途絶えていましたが、そんな折「魔法のプリンセス ミンキーモモ」（八二年三月 - 八三年五月、九一年一〇月 - 九二年一二月）の企画が持ち上がったのです。

待望の一作。だが、葦プロの「誰もやってないことを」というオリジナル路線もあり、モモが使えるのは大人の女性に変身する魔法だけという制約があった。

この設定を生かすなら社会性を持たせるしかないと、モモを現実の職業の看護師やパイロットに変身させた。当時は女性が社会の中で働くことが珍しく、女の子ガンバレ、という思いを込めたのです。

反響は大きかった。少女たちは変身後のモモに未来の自分を重ね、胸をときめかせたのだ。ただ、社会性のために不測の事態も起きた。

第二作を制作している時、脚本では米ソ冷戦が背景になっていたのに、放映前にソ連が崩壊し……。あれには困りました。

「ミュウツーの逆襲」が世界的大ヒット

子どもたちの思いを巧みに映像に投影する湯山さんの元に、大人気ゲーム「ポケットモンスター」のテレビアニメ化の話が来た時、最初に感じたのは不安だった。

それまでゲームが原作で成功したアニメはなかったからです。でも、ゲームをやってみて驚いた。懐かしい感じがしたのです。僕は小学生のころ、夏は一日中、野原を走り回ってバッタなどを捕った。当時の気持ちが実によくわかりました。

捕まえたポケモンを他のポケモンとバトルさせながら旅を続けるロールプレイングゲーム。ヒーローと従者として描くのに、ぴったりの題材である。だが、湯山さんが重視した部分は違った。

コミュニケーションを大きなテーマに据えました。言葉を話さないポケモンと主人公サトシ、あるいはポケモン同士が心を通わせる。そんな姿を描こうと思ったのです。

九七年、放映が始まると、反響は子どもたちにとどまらなかった。強い絆で結ばれたサトシとポケモンの姿は、ゲームをやらない親たちも魅了した。ポケモンはゲームの枠を超え、映画の制作も決まった。

映画の場合、テレビよりシリアスなテーマに取り組むことができる。そこで脚本の首藤剛志《しゅどうたけし》さんと話し合い、「自分は誰だろう」という子どもにとって普遍的な問いをメインテーマにしました。

劇場版第一作「ミュウツーの逆襲」（九八年）は、人間が造り出したポケモン・ミュウツーをめぐり、クローン技術と生命について考えさせる。やや難解だが、興行収入は七三億円の爆発的ヒット。その結果、アメリカでの公開も決定したのだが――。

僕は原作もの以外は、常に海外を意識して作る。ところが、今回は「海外を意識しなくていい」と言われていたので、昭和三〇年代の日本をイメージして作った。そのため、作中に日本語の看板も出てくるのです。

そんな心配をよそに、全米での興行収入も日本映画史上、空前の八〇〇〇万ドルを突破した。

ハリウッドは別世界と思っていたので、大ヒットと聞いても現実感がなかった。それでアメリカの映画館でも見ましたが、観客の反応は日本と変わりませんでしたね。

今や世界共通語のポケモン。〇八年七月には、新作「ギラティナと氷空《そら》の花束」が公開される。

新作の制作は種をまき、畑を耕し、収穫する農業の感覚です。今回は壮大なスケール感の一方で、原点に戻り、主人公とポケモンの身近な交流を描きたいと思っています。

子どもが感動する「ポケモン」の世界観

ゲームに対し、ポケモンの劇場版アニメが果たす役割とは何か。湯山さんはこう見る。

僕らはゲームにない部分をやらせてもらっている。まずアニメでは、「生きて動いているポケモン」を見ることができる。図鑑で眺めていたゾウを、動物園で実際に見た時の感動がアニメにはあるのです。最初のころは、映画館で子どもたちが「あっ、ピカチュウだ！」と指をさしていました。

だから、ゲーム中のポケモンをアニメに登場させる時には、とりわけ慎重になる。

ゲーム制作のスタッフとも話し合い、子どもたちをがっかりさせないよう慎重に性格や行動パターンを決めています。ピカチュウもゲームでは鳴き声がなく、アニメで初めて「ピカチュウ」と鳴くことにした。それを「なるほど、こんなふうに鳴くんだ」と思ってもらえなかったら、アニメの人気はそこで終わっていたでしょうね。

ポケモンの際立つキャラクターは、想像力を無限にかき立てる。

ポケモンの本当の面白さとは、あの世界観を楽しむことにある。「こういう世界だとこんなことができるよね」「こんな状況でピカチュウがいたら……」と、わくわくしながら想像を膨らませています。それをアニメ制作しつつ楽しんでいる僕は、もしかしたら世界一幸せなポケモンユーザーなのかもしれません。

大人も楽しめる秘密は、第一作「ミュウツーの逆襲」のように、常に哲学的な内容が織り込まれていることにある。

ポケモンはファミリームービー。だから、子どもだけでなく、親も楽しめないと、お客さんは来てくれない。脚本の首藤剛志さんは子ども向けのミュージカルも手掛けており、その点を実によく心得ていた。僕もまったく同じ気持ちです。

世界的にヒットした日本アニメの担い手の目に、その未来はどう映っているのか。

厳しいものを感じています。まずファン層が狭い。そういう作品があってもいいけど、テレビなら夜七時台である程度、視聴率が取れ、劇場であれば親子連れがたくさん来る作品が望ましい気がします。コンピューターグラフィックス技術の発達により、漫画の原作がどんどん実写に移行している今、「アニメならでは」の表現を突き詰めていかないとなりません。この世界を志望する人には、ぜひ間口を広げ、海外でも通用する作品を作ってやろうという気概を持ってほしいですね。

（二〇〇八年一月三一日、二月七日、一四日掲載）

湯山邦彦（ゆやま・くにひこ）

一九五二年、東京都生まれ。アニメ制作スタジオでのバイトをきっかけに、アニメーターとして活動するようになる。七八年に「銀河鉄道９９９」で初めて演出を担当。以降、葦プロダクション制作のアニメなどに携わり、八二年には「魔法のプリンセス ミンキーモモ」で総監督を務めた。九七年からは、「ポケットモンスター」シリーズの総監督を一九年まで担当し、劇場版も一作目から二〇作目まで、すべての作品で監督した。

原恵一

「クレヨンしんちゃん」の演出からオリジナルアニメ監督へ

絵コンテ持参、必死の思いで業界入り

一九八〇年代初頭、産業として成熟しつつあったアニメ業界の門は狭かった。絵を描く仕事に就こうと群馬県から上京し、専門学校でアニメを学んだ原恵一さんにも、希望の就職先がなかった。そこで取ったのは、意外な行動だった。

東京ムービーの社内見学会を抜け出して「ルパン三世」のスタッフルームに行き、入社させてほしいと頼んだのです。このままでは田舎には帰れないと必死でした。だけど、スタッフはフリーの人が多く、権限のある人はいなかった。監督の御厨《みくりや》恭輔さんから台本を渡され、「絵

コンテを書いてきたら見てやる」と諭されて帰りました。

両親の影響で、映画が好きだった。低料金で多くの名画を見られる東京は夢の街。ただアニメは、自分が面白いと思った作品の監督が宮崎駿や富野由悠季であると、学校の同級生から聞いて初めて知った。

同級生は絵も僕よりうまく、とてもかなわないので演出になろうと決め、好きだった「ど根性ガエル」などを作った東京ムービーに入ろうと考えたのです。後日、絵コンテを持っていくと、「本当に書いてくるとは」と言われましたが……。

御厨の好意でCM制作会社に入り、その社長の紹介でシンエイ動画に移籍した。念願の初演出は「ドラえもん」だった。

僕は藤子・F・不二雄さんのファンでしたが、アニメはちゃんと作られていない気がしていた。藤子Fさんの作品が社内でも〝子ども向け〟と片付けられているのが、納得いかなかった。僕は原作に敬意を払いつつ、コマとコマの間を読んだ。「藤子Fさんは、もっとすごい人なんだ」と知らせたかったからです。

演出手腕は高く評価され、続く「エスパー魔美」（八七年四月‐八九年一〇月）では、チーフディレクターに。だがその直後、現場を離れる。

会社を辞めて、東南アジアを旅行しようと決めていた。仕事にうんざりしていて、日本と異なるエネルギーに漬かってみたかった。周囲からは「なぜ」と言われましたが、僕はいつも「なぜ」の方に進むみたいです。

一〇カ月後に復帰し、「クレヨンしんちゃん」（九二年四月‐現在）を手掛けた。この時はまだ一〇年後、転機が訪れることなど知るよしもなかった。

社内でも積極的にやりたかった企画ではなく、監督は社長から「半年もたせてくれ」と言われたそうです。僕は旅行で何か変わるかと期待していたのですが、白紙の絵コンテ用紙を見たらうんざりしただけでした。

「クレヨンしんちゃん」の演出と、本当にやりたいこと

しかし、原さんは驚いた。「クレヨンしんちゃん」は毎週数%ずつ視聴率が伸びていったのだ。

監督の本郷みつるさんからは「簡単にやろう」と言われていたので、演出も変わったことはしていなかった。でも、人気が出て、続けるうちに我慢できなくなる。アニメーターがキャラクターに複雑な動きをさせると、僕もそれに応える演出をし、声優も今まで出さなかった表現を出し……。

その熱気が人気を盛り上げると、劇場版の制作も決まった。

基本的に幼稚園と家庭の話なので、それだけではとても映画にはならない。悩んだ結果、漫画に登場するアクション仮面を膨らませて、やっと一本、作り上げました。

だが、九三年夏公開の「アクション仮面VSハイグレ魔王」がヒットすると、二作目の制作が決

まる。以後、ゴールデンウイーク公開で毎年、制作された。

五作目から僕が監督になると、自分の好きな映画のパロディーなどを盛り込みました。〝映画のふりをしたアニメ〟に面白さを感じていたのです。でも、自分が本当にやりたいものをやっている気はしませんでした。

興行成績は年を追って下がった。八作目で予算も減らされた。

これまで自分の趣味で作っていたからダメ、とわかっていた。これが最後だからと、初めて「子どもを楽しませよう」と取り組みました。

「嵐を呼ぶジャングル」（〇〇年）は、興行成績を再び引き上げた。すると翌年も制作が決まったが――。

困った。何もやることがない。苦し紛れに「懐かしいもの」をキーワードに考えた。そして自分の過去に向き合っているうちに、意外な景色が広がっていったのです。これまでバカな悪役が登場する話ばかりでしたが、自分が経験した過去だけに、そうは描きたくない。絶対にいい作品にしようと、真剣になりました。

二〇世紀への回帰を求める大人と、未来を望む子どもの対立を軸にした「嵐を呼ぶ モーレツ！オトナ帝国の逆襲」（〇一年）を見た子どもは笑い、大人は泣いた。

名作映画のパロディーなどは、かえって自分の世界を狭めていたと気づいた。もう後戻りはしない。そう決意しました。

翌年の「嵐を呼ぶ アッパレ！戦国大合戦」は、文化庁メディア芸術祭で大賞を受賞。この二作はアニメ映画史上に残る傑作だ。だが、原さんはここで監督を降りた。どうしてもアニメ化したい作品があったからだ。

それが二〇年来、構想していた木暮正夫さんの「かっぱ大さわぎ」でした。

「河童のクゥと夏休み」で現代日本の美醜を描く

原さんがその本を見つけたのは、言いようのない危機感に襲われたのがきっかけだった。

新しいアニメがたくさん出てきたけど、漫画原作のものばかりで、オリジナルはほとんどない。まるでアニメは漫画の映像部門。これでは日本のアニメはダメになってしまうと考えて、オリジナル原作を求め、日本の児童文学に当たりました。

店頭で立ち読みし、気に入れば買う。その繰り返しで見つけたのが、木暮正夫「かっぱ大さわぎ」。普通の家族の日常生活にカッパがちん入し、触れ合う話である。

そのころ、アニメはSFやファンタジーが人気でしたが、僕は興味がなく、今の日本を描きたいと思った。「かっぱ」なら、〝アニメならでは〟の表現でそれができる。休職し、東南アジア旅行中も「かっぱ」のアイデアをメモしていました。地味な話だけになかなかスポンサーも決まりませんでしたが、アニメ化が決まると、僕は木暮さんから許可を得て、昔より悪くなった部分を物語中に取り入れた。自然破壊、子どものいじめ、自殺、マスコミの過熱取材……。いい日本映画にしたい——そう思ったのです。

巨大ロボットや魔法に頼れないリアルな現実。それが原さんが描きたかった日本だった。

「しんちゃん」と違って時間はある。細心の注意を払って絵コンテを描きましたが、その結果、三時間の長さに……。切る作業はつらかった。

〇七年夏、公開された「河童《かっぱ》のクゥと夏休み」はクゥを中心としたコミカルな物語にもかかわらず、現代日本と日本人が抱える醜悪な部分と、かけがえのない美点を鮮やかに描き出し、文化庁メディア芸術祭大賞に輝いた。「戦国大合戦」に続き二作連続である。

監督に大切なのは、バランスだと思う。それも危ういバランス。右に倒れそうかと思うと、今度は左に倒れそうな……。

それが原さんの作品を見終えた後、長く余韻が残る理由なのかもしれない。現代の日本アニメを

どう見るか。

アニメは表現の幅が広がってきたけど、今は限られた人向けに一定のジャンルの作品しか作られておらず、世界が閉じている感じがする。他に行ける道はたくさんあるのに……。あらゆる層の要望に応えているのは、宮崎駿さんだけでしょう。僕は、周りに同業者がいないところに行きたい。というか、自然にそうなっちゃうんですけどね。

（二〇〇八年二月二八日、三月六日、一三日掲載）

原恵一（はら・けいいち）

一九五九年、群馬県生まれ。八二年にシンエイ動画に入社し、テレビアニメ「ドラえもん」の演出などを経て、「エスパー魔美」を監督。「クレヨンしんちゃん」では二代目の監督となり、劇場版でも五作目から一〇作目まで監督を務める。その後、フリーに。〇二年「嵐を呼ぶ アッパレ！戦国大合戦」、〇七年「河童のクゥと夏休み」で、それぞれ第六回、第一一回文化庁メディア芸術祭アニメーション部門大賞を受賞。一五年「百日紅～Miss HOKUSAI～」は第三九回アヌシー国際アニメーション映画祭で長編作品審査員賞を受賞。一八年には紫綬褒章を受賞した。

辻真先

脚本家よ、未知の領域へ踏み出せ

「サイボーグ009」に込めた反戦意識

アニメ大国・日本で、黎明期から現在までアニメにかかわり続けてきた人は数少ない。その一人が、辻真先さんである。一九六〇～八〇年代は脚本家として膨大な数のアニメ制作に携わり、作家活動を本格化させた後もアニメを凝視し続ける。テレビアニメ黎明期に、ほぼすべてのヒット作品にかかわってきた辻さんの代表作を挙げるのは難しい。しかし、辻さん個人の意識が強く投影された「サイボーグ009」（六八年四月 - 九月）は外せない。

テレビの番組枠が五カ月間空いたため、既に劇場版アニメが二本作られ、企画を考えずに済む「009」に白羽の矢が立った。僕ら脚本家は、打ち合わせもせずに書き始めた。枠を埋めなきゃならないから、局側も内容に文句は言えない。オリジナル作では好き勝手にやりました。

第一六話「太平洋の亡霊」はハワイに突然、旧日本軍の潜水艦や戦闘機が現れ、真珠湾を攻撃する場面から始まる。戦後、水爆実験で沈んだはずの戦艦長門も復活する。対抗する米軍は長門に原爆を投下するが、歯が立たない。実はこの攻撃は、太平洋戦争で息子を亡くした博士が、思考を現実化する装置を開発して仕掛けたものだった。その正体を突き止めた009らに博士は言う。「我々は戦争はもうこりごりと考え、平和を死者に誓った。なのに今、世界は再び軍備の拡張にしのぎを削っている。息子の死に報いるには、この方法しかない」。画面には日本国憲法第九条の全文が流れる……。

演出の故・芹川有吾《せりかわゆうご》さんと盛り上がった話を基に書きました。二人とも同世代で反戦意識は同じでしたから。僕も入れ込んで、珍しく録音まで付き合いました。

ラストは、この装置で現実化した亡き息子が博士を止める。日本人の戦後意識に突き刺さる本作は、今も上映会で人気を集める。

広島の原爆慰霊碑に「過《あやま》ちは繰返しませぬから」と揮毫《きごう》した人が、真珠湾攻撃の報を聞いた時、大喜びした人と同じだと知ってギョッとしました。人の心なんてすぐに変わるものだと……。

原作を生かしつつ、アニメ表現に即した独自作品にするのが脚本家の真骨頂だが、原作漫画と同時進行だった「デビルマン」（七二年七月 - 七三年三月）では、永井豪の想像力に舌を巻いた。

永井さんから送られてくる敵の絵を見て、物語を考える。デビルマンとは、いわば戦争中に敵の女が好きになり、寝返ってこれまでの味方と戦うようなひどいやつ。味方が誰もいない、裏切り者の美学を描きたかった。

テレビのデビルマンは当初の設定通り、ただ一人、悪魔から人間を守るヒーロー。だが、漫画の最後は人間が悪魔狩りに走り、ヒロインの牧村美樹やその家族を皆殺しにする。さらに、明の親友の飛鳥了が実は大魔神サタンであり、両者による最終決戦で人類は滅びる――。

驚くと同時に、アニメが終わっていて安心しました。あんなの書けなんて言われても……。了がサタンだなんて、永井さんは当初、考えてもいなかったそうです。でも、「何かに使えそうだ」と入れておくのが才能ですね。

視聴者との談合ではなく、〝未来の大人たち〟と真剣勝負を

八〇年代以降、辻さんは小説を書く一方で、アニメを見続けてきた。

「新世紀エヴァンゲリオン」は難解と評判になった。難しい言葉が出てくるのに、作中で説明しないからです。でも、あれは視聴者との談合。理解できない人は排除してしまう。ケータイ小説作家がその読者とつるんでいるのと同じで、制作側も確信犯。談合を前提とした作品はその後増えましたが、長い目で見て、このあり方が許容され続けるかどうか。僕は制作側に責任を取ってほしい。その力はあるはずです。

視聴者の細分化が進み、閉塞感《へいそく》が強い現代アニメだが、秀作はある。

「ノエイン　もうひとりの君へ」（〇五年一〇月‐〇六年三月）は函館を舞台に、現代に一五年後の自分が訪ねてくるというＳＦもの。荒廃した未来をつぶすために、未来の自分と協力する。「機動戦士ガンダムＳＥＥＤ」（〇二年一〇月‐〇三年九月）は正統的なＳＦ。西部劇的なかっこよさ要素を採り入れてある。それと「電脳コイル」（〇七年五月‐一二月）にはまいった。「三丁目の夕日」の世界なのに、コンピューター用語が飛び交い、最後は死というテーマにも踏みいる。あれなら子どもも死をよく理解できる。

根源にあるのは、子どもに向き合う〝真剣さ〟だ。

アメリカ向けの「がんばれ！マリンキッド」を手掛けた時、アメリカのプロデューサーは子どもをバカにしていると感じた。脚本をチェックしたのは最初だけで、すぐに第一稿でＯＫが出るようになった。でも、それじゃダメ。子どもは未来の大人。既成概念で理解したら、大事な部分を見過ごしてしまう。僕らは子どもを差別せずに、その時に訴えたいことを一生懸命書いてきた。それが世界でウケたとすれば、うれしい。ただ……それで突き進んでいいのか。今や日本は援交娘とホスト息子が純愛を叫んでいるような状況ですからね。

異分野と接触し、未知の領域へ

今後、アニメ脚本家の役割とは何か。

脚本に閉じこもっているのではなく、企画に乗り込んでいくこと。今、アニメのプロデューサーは新企画を考えるのに、書店で題材を探す。それなら脚本家が、それ以上の知識で対抗すればいい。ジョン・フォード監督のアメリカ映画「三人の名付け親」（四八年）を基にしたアニメ「東京ゴッドファーザーズ」（〇三年）は、そのいい例。古今東西の題材を探すのは、脚本家の仕事ですよ。

未来は〝開拓者精神〟にあるという。

世界にウケる作品の一方で、「サザエさん」のような日本人にしかわからない作品や、高齢者も楽しめる作品を作ってほしい。そして、もっと他流試合をしてほしい。例えば「時をかける少女」（〇六年）は、ロボットアニメのキャラばかり描いていた貞本義行さんがキャラデザインを担当し、「学校の怪談」(九五年)など実写での活躍が目立っていた奥寺佐渡子さんが脚本だった。映画「ALLWAYS 三丁目の夕日」(〇五年)の監督の山崎貴さんは、もともとアニメのSFXの専門家。今後は観客にも、作り手にも、アニメで育った人が増えてくる。ヒットアニメにこだわらず、未知の領域にどんどん踏み込んでいってほしい。

(二〇〇八年三月二七日掲載)

辻真先(つじ・まさき)

P26参照

解説

中川右介

本書の成り立ちについては、まえがきにある通りなので、ここでは繰り返さないが、収録されているインタビューが二〇〇五年から〇八年にかけて行なわれたことを、改めて確認しておく。だから、たとえばすでにデビューはしていたが、「新海誠」の名は登場しない（本にするにあたり書かれたコラムにはあるが）。庵野秀明、細田守……と、登場しない人物の名を挙げていったら、きりがない。京都アニメーションも語られていない。

ゼロ年代半ばのものなので、新海誠たちの不在は仕方ないとして、一九六〇年前後から始まるアニメ史における最重要人物である宮崎駿、高畑勲の二人が登場していないのは、物足りないと感じる方も多いだろう。

これは三沢氏が二人を軽んじて取材をしなかったからではなく、申し込んだが断られたからである。他にも、インタビューを申し込んだができなかった人もいるようだし、新聞の紙面には載ったが、この本へは収録できなかった人もいる。インタビューというのは相手が応じてくれなければ成り立たないので、こうしたアンバランスが生じるのはやむをえない。

このように、登場する人物は網羅的ではない。宮崎・高畑という大きな欠落がある。だが、二人の場合、欠落そのものが何かを語っているともいえる。

そしてもう一人、不在なのに存在感が大きいのが、「手塚治虫」だ。一九八九年に亡くなっているので、当然、インタビューのしようがない。それなのに、多くのレジェンドたちの発言の中に登場し、「忘れてはいけない人」だと認識させる。

アニメ関係者に限らないが、映画人、漫画家、作家といったクリエイターは、自分と自作について饒舌《じょうぜつ》に語る人と、寡黙《かもく》な人とがいる。宮崎、高畑ともエッセイは書いているので寡黙なわけではないが、インタビューに応じるのはあまり好まないようだ。

歴史は、「書かれたもの」を基にして記述される。したがって、饒舌な人の方が歴史に残りやすい。手塚治虫や藤子不二雄Ⓐ、赤塚不二夫、石ノ森章太郎が饒舌だったからこそ、トキワ荘は歴史に残ったともいえる。同じように虫プロダクションも、手塚を含め、その出身者は饒舌な人が多い。

マンガ史が手塚・トキワ荘中心史観に、アニメ史が手塚・虫プロ中心史観になりがちなのは、関係者の饒舌度、つまり史料の多さも関係している。

かつて、「日本の男」は「沈黙」が美徳とされた。そういう美学に殉《じゅん》じる生き方を否定はしないが、後世のファンや研究者のためにも、クリエイターたちにはなるべく語ってほしい。

ともあれ――ゼロ年代半ばの時点で、かなりの数のレジェンドたちの証言が得られたのは、ありがたい。こうして本になるまでに十数年が過ぎており、その間に亡くなった方もいる。六〇年代を語れる人も少なくなってきているので、なおさら価値がある。

さて、私がこのインタビュー集を知ったのは、一年前のことだった。『ドラえもん』連載開始五〇年ということで、中日新聞（東京新聞）の大森雅弥編集委員から取材を受けた際のことだ。インタビューのあとの雑談で、「今、テレビアニメの歴史の本を書いています」と言ったら、「同僚がアニメについての連載をしていた」と教えてくれたのだ。それがこの本の基になった、三沢典丈氏による「アニメ大国の肖像」だった。

記事を取り寄せて一読、「これを埋もれさせておくのはもったいない」と思った。そこで執筆中の『アニメ大国 建国紀 1963-1973』の編集者、イースト・プレスの木下衛氏に「本にしてはどうか」と、勝手に売り込んだのだ。

アニメ界の事情も二〇二〇年の今とは違うし、当時としては「初めて明かされる秘話」でも、その後に「周知の事実」となったこともある。しかし、そういう細かいことを抜きにして、これは出すべき本だと説明したところ、木下氏は快諾し、社内で企画を通してくれた。

その後、中日新聞社の許諾をもらい、木下氏が「神様たち」一人ひとりに連絡を取るという気の遠くなる仕事をして、こういう形になった。

新聞連載時は、毎回、関連するアニメのシーンなどが掲載されていたが、許諾を得るのにコストもかかるし、その絵の説明をしている内容でもないので、一点も入れないという方針が選ばれている。それは拙著『アニメ大国 建国紀』も同じだ。

アニメやマンガについての評論を本にする場合、とかく図版（絵）を掲載したくなり、それには手間と費用がかかるということで、それを理由にして出版企画そのものが流れてしまうことがあるが、内容がしっかりしていれば、別に図版は必要ないと思う。

幸いにも、今はネットで検索すれば、それぞれの作品のキャラクターがどんな顔をしているかはすぐにわかるし、作品そのものも、半世紀前のものであろうとネット配信で簡単に見ることのできる環境になった。

であるからこそ、余計に関係者の「証言」は重要である。

お読みいただいた方はおわかりのように、ゼロ年代半ば、レジェンドたちの多くが、アニメの現状と未来に危機感を抱いていた。

だが、二〇一〇年代、日本のアニメは作品的にも興行的にも成功していった。

二〇一六年には『君の名は。』と『この世界の片隅に』という対照的な二つの作品が大ヒットし、「ドラえもん」「名探偵コナン」などのシリーズものは健在で、コロナ禍の中でも、『鬼滅の刃』という大ヒット作が生まれた。今やテレビで放映される新作アニメと、劇場公開作品のすべてを見るのは、不可能に近いほどだ。

アニメは「危機」を乗り越えたのか。アニメの「危機」そのものが旧世代の「誤解」だったのか。レジェンドたちの現状認識は誤っていたのか。彼らの感覚は古くなっていたのか。

そういう評価、判定はあまり意味がない。

重要なのは、歴史的事実として、ゼロ年代半ば、レジェンドたちは危機感を抱いていたということだ。

そして、次世代はその危機を乗り越えた。それを支持したのは、さらに次の世代である。

となれば、二一世紀になってからの「危機」前後のアニメ界についての「証言」が待たれるところだ。

本書に登場する人物

＊五十音順

◆赤塚不二夫（一九三五‐二〇〇八）漫画家。トキワ荘グループの一人で、スタジオ・ゼロのメンバー。「ナンセンス」と称されるギャグ漫画を得意とし、「おそ松くん」「天才バカボン」などでヒットを飛ばす。他の代表作に「ひみつのアッコちゃん」「もーれつア太郎」など。

◆あだち充（一九五一‐）漫画家。「タッチ」で野球漫画とラブコメを融合し、八〇年代『週刊少年サンデー』の黄金時代を牽引。ヒット作の大半がアニメにもなった。他に「みゆき」「Ｈ２」「クロスゲーム」など。

◆穴見薫（一九二四‐一九六六）旧・虫プロダクションの常務取締役。広告代理店・萬年社勤務時に「鉄腕アトム」を担当し、その手腕を見込まれて虫プロに入社。経営を支えていたが、四二歳で急逝。

◆天野喜孝（一九五二‐）キャラクターデザイナー。タツノコプロに入社し、主にキャラクターデザインを手掛ける。独立し、「ファイナルファンタジー」のキャラクターデザインなど。画家、イラストレーターとしても活躍。

◆庵野秀明（一九六〇‐）アニメーション監督、映画監督。「新世紀エヴァンゲリオン」を監督。他にアニメ「トップをねらえ！」「ふしぎの海のナディア」、実写映画「シン・ゴジラ」など。

◆石ノ森章太郎（一九三八‐一九九八）漫画家。トキワ荘グループの一人で、スタジオ・ゼロの結成メンバー。手塚治虫の代理で東映動画で働いたことも。代表作の「サイボーグ００９」は劇場用とテレビでアニメにもなった。「仮面ライダー」以後の東映ヒーローものの生みの親。八六年までは「石森章太郎」名義で活躍。

◆いずみたく（一九三〇‐一九九二）作曲家。歌謡曲、ミュージカルの分野で活躍。「宇宙少年ソラン」「ゲゲゲの鬼太郎」など、テレビアニメの主題歌も手掛けた。代表曲に「見上げてごらん夜の星を」「いい湯だな」「夜明けのスキャット」など。

◆板野一郎（一九五九‐）アニメーター。「機動戦士ガンダム」「伝説巨神イデオン」に参加した後、アートランドに所属し、「超時空要塞マクロス」のメカニック作画監督などを務める。その後、３ＤＣＧによる演出にも挑戦。

◆市原悦子（一九三六‐二〇一九）女優。俳優座で演劇活動をしたほか、映画やドラマに多数出演。「まんが日本昔ばなし」の語りや「家政婦は見た！」シリーズの主演で知られる。

◆牛山純一（一九三〇‐一九九七）ドキュメンタリー映像作家。日本テレビで「ノンフィクション劇場」を制作。その後も、「すばらしい世界旅行」「知られざる世界」などのドキュメント番組を制作する。

◆宇野誠一郎（一九二七‐二〇一一）作曲家。人形劇「ひょっこりひょうたん島」や東映アニメ「少年ジャックと魔法使い」などで音楽を担当。その後は、舞台音楽を中心に活動する。

◆海野十三（一八九七‐一九四九）小説家。逓信省電気試験所に務めながら、探偵小説でデビュー。軍記小説や空想科学小説を多数執筆し、日本ＳＦの先駆者となる。

◆江利チエミ（一九三七‐一九八二）歌手、

女優。一五歳で発表したデビュー曲「テネシー・ワルツ」がヒット。女優としても、ミュージカル映画などで人気を博す。美空ひばり、雪村いずみと「三人娘」と称された。

◆**大川博**（一八九六‐一九七一）　東映社長。鉄道省から東急に入り、創業者・五島慶太の右腕として活躍。赤字で苦しむ東映の社長となり、黒字化に成功。東映動画を創業したほか、NET（現・テレビ朝日）を創立し、会長・社長を歴任。「日本のディズニー」とも呼ばれる。

◆**大塚周夫**（一九二九‐二〇一五）　声優、俳優。劇団に所属しながらテレビドラマに出演し、声優としても活躍。「ルパン三世」の石川五エ門、「ゲゲゲの鬼太郎」のねずみ男などの声で知られる。

◆**奥寺佐渡子**（一九六六‐）　脚本家。相米慎二監督作「お引越し」でデビューし、映画、テレビドラマの脚本家として活躍する。アニメでは、細田守監督作品の多くで脚本を担当。

◆**梶原一騎**（一九三六‐一九八七）　漫画原作者。絵物語作家、小説家から漫画・劇画の原作者に。「巨人の星」、「あしたのジョー」（高森朝雄名義）、「タイガーマスク」など、「スポ根」というジャンルを確立。代表作の多くがテレビアニメにもなり、大ヒットした。

◆**河森正治**（一九六〇‐）　メカニックデザイナー、アニメーション監督。スタジオぬえに入社し、メカデザインを手掛ける。「創世のアクエリオン」や「マクロスF」では、原作・構成・監督。

◆**岸田今日子**（一九三〇‐二〇〇六）　女優として舞台のほか、映画やテレビでも活躍。出演作に「秋刀魚の味」「犬神家の一族」「傷だらけの天使」など。アニメでは「ムーミン」の声で知られる。

◆**黒澤明**（一九一〇‐一九九八）　映画監督。監督した「羅生門」で世界的巨匠に。代表作に「七人の侍」「生きる」「天国と地獄」「椿三十郎」など。ルーカス、スピルバーグをはじめ世界中の映画作家に影響を与えた。

◆**桑田次郎**（一九三五‐二〇二〇）　漫画家。「まぼろし探偵」や「月光仮面」（原作は川内康範）がヒット。「8マン」の作画などを手掛ける。後に「二郎」と改名。

◆**木暮正夫**（一九三九‐二〇〇七）　児童文学作家。劇場用アニメ「河童のクゥと夏休み」の原作者。代表作に「ドブネズミ色の街」「街かどの夏休み」など。

◆**小林治**（一九四五‐）　アニメーター。東映動画やAプロダクションなどで、作画監督や演出を務める。芝山努らと亜細亜堂を設立。監督としての代表作は「魔法の天使クリィミーマミ」「きまぐれオレンジ☆ロード」など。

◆**小室等**（一九四三‐）　音楽家。フォークシンガーとして活躍し、七五年には吉田拓郎、井上陽水、泉谷しげると「フォーライフ・レコード」を設立し、音楽界に一石を投じた。アニメ「ムーミン」では、スナフキンが弾くギターを演奏した。

◆**坂本雄作**（一九三二‐）　アニメーター。東映動画に第一期生として入社した後、虫プロ創設メンバーとなり、メインの演出家として活躍。

◆**さくらももこ**（一九六五‐二〇一八）　漫画家。自らの少女時代をモデルに、日常生活を描いた「ちびまる子ちゃん」が大ヒットし、テレビアニメになった。エッセイストとしても活躍。

◆**貞本義行**（一九六二‐）　アニメーター、漫画家。ガイナックスでキャラクターデザインや作画監督を務める。漫画版「新世紀エヴァンゲリオン」も担当。

◆**首藤剛志**（一九四九‐二〇一〇）　脚本家。「魔法のプリンセス ミンキーモモ」「ポケットモンスター」シリーズなど、湯山邦彦監督作品の多くに脚本として参加。

◆**白土三平**（一九三二-）漫画家。紙芝居から貸本漫画家へ転じ、メジャー雑誌へも進出。「劇画」を確立した一人。白土が資金を出して創刊された漫画雑誌『ガロ』に、「カムイ伝」を連載。東映動画初期のテレビアニメ「少年忍者風のフジ丸」の原作者であり、他に「サスケ」「忍風カムイ外伝」がテレビアニメに。

◆**芹川有吾**（一九三一-二〇〇〇）アニメーション監督。テレビアニメの演出や「わんぱく王子の大蛇退治」「サイボーグ009」といった劇場用アニメの監督など、東映動画の中心的演出家として活躍。

◆**大工原章**（一九一七-二〇一二）アニメーター。戦前から活躍していた東映動画設立時のメンバーで、原画や作画監督。後進を育てた。

◆**高井達雄**（一九三三-）作曲家。テレビドラマやアニメの主題歌を手掛け、「鉄腕アトム」のテーマソングのほか、NHKみんなのうた「サラマンドラ」「しあわせのうた」などを作曲。

◆**高畑勲**（一九三五-二〇一八）アニメーション監督。東映動画で「太陽の王子ホルスの大冒険」などを演出。「アルプスの少女ハイジ」「母をたずねて三千里」などを監督した後、宮崎駿とともにスタジオジブリを制作基盤に、数多くの作品を発表。

◆**谷川俊太郎**（一九三一-）詩人。五二年に処女詩集「二十億光年の孤独」を上梓して注目される。テレビアニメ「鉄腕アトム」の主題歌を作詞。「スヌーピー」の翻訳者としても知られ、絵本作家としても活躍した。

◆**ちばてつや**（一九三九-）漫画家。少女漫画から少年誌に転じ、「ちかいの魔球」（作画）、「紫電改のタカ」、テレビアニメになった「ハリスの旋風」がヒット。「あしたのジョー」（作画）で一大ブームを起こす。他に「おれは鉄兵」「あした天気になあれ」「のたり松太郎」など。

◆**チャーリー・コーセイ**（一九五〇-）歌手、音楽家。ロックバンド「ザ・ヘルプフル・ソウル」で「千夜一夜物語」のテーマ曲を制作。その後、ソロとして「ルパン三世」の主題歌を歌う。

◆**筒井康隆**（一九三四-）作家。日本SF第一世代の一人。代表作に「霊長類、南へ」「時をかける少女」「日本以外全部沈没」「文学部唯野教授」など。テレビアニメ「スーパージェッター」のシナリオも書いた。

◆**つのだじろう**（一九三六-）漫画家。スタジオ・ゼロ結成メンバーの一人。「うしろの百太郎」「恐怖新聞」などの怪奇漫画がヒットし、オカルト漫画の第一人者となる。他の代表作に「空手バカ一代」（作画）など。

◆**手塚治虫**（一九二八-一九八九）漫画家。アニメ制作会社・虫プロダクション創業者。日本初の連続テレビアニメ「鉄腕アトム」を生み出し、テレビアニメのフォーマットを確立した。虫プロでは「ジャングル大帝」「リボンの騎士」「W3」「悟空の大冒険」「どろろ」などを制作。虫プロ倒産後も手塚プロダクションでアニメを制作。

◆**寺田ヒロオ**（一九三一-一九九二）漫画家。少年雑誌『漫画少年』でデビューし、トキワ荘グループの「兄」的存在としても知られる。代表作に「背番号0」「スポーツマン金太郎」など。

◆**常田富士男**（一九三七-二〇一八）俳優。市川崑監督作品をはじめ、数多くのドラマ・映画に出演。長年にわたり、「まんが日本昔ばなし」で登場人物の声を担当した。

◆**冨田勲**（一九三二-二〇一六）作曲家、音楽家。映画、テレビ番組、ドラマなど、多岐にわたって映像音楽を手掛け、世界的なシンセサイザー奏者としても知られる。「ジャングル大帝」の音楽を担当し、以後テレビアニメにも多く携わった。

◆**鳥山明**（一九五五－）　漫画家。『週刊少年ジャンプ』に連載され、テレビアニメにもなった「Dr.スランプ」「ドラゴンボール」でヒットを飛ばす。ゲーム「ドラゴンクエスト」のキャラクターデザインも。

◆**永井豪**（一九四五－）　漫画家。石ノ森章太郎のアシスタントを経て、デビュー。「デビルマン」で、最初の設定は同じだが、テレビアニメと連載漫画でストーリーはまったく異なる形の制作システムを確立。「マジンガーZ」でロボットアニメの新境地を開き、玩具も大ヒットした。

◆**永野護**（一九六〇－）　メカニックデザイナー、漫画家。サンライズでキャラクターやメカのデザインを務める。漫画の代表作に「ファイブスター物語」など。

◆**永樹凡人**（一九三七－二〇一〇）　アニメーター、漫画家。漫画家として活動した後、香西隆男らとともに、ハテナプロダクションを設立。多くの作品で演出を担当した。「ながきひろふさ」名義も。

◆**長浜忠夫**（一九三二－一九八〇）　アニメーション監督、人形劇演出家。ひとみ座で人形劇「ひょっこりひょうたん島」や「伊賀の影丸」の演出を担当。その後、東京ムービーでテレビアニメ「オバケのQ太郎」「巨人の星」などを演出する。

◆**中村伊助**（一九一一－一九八四）　漫画家、洋画家。「漫画集団」の同人で、政治漫画や似顔絵漫画を描く。

◆**なすだみのる**（一九三一－）　児童文学作家。代表作に「ぼくらの出航」「シラカバと少女」。ひくまの出版を立ち上げ、「忍者サノスケおじさん」シリーズを書き継ぐ。「那須田稔」名義も。

◆**西崎義展**（一九三四－二〇一〇）　プロデューサー。音楽業界から虫プロ商事に入社し、アニメと関わりを持つ。「宇宙戦艦ヤマト」を製作し、大ヒットさせた。

◆**長谷川町子**（一九二〇－一九九二）　漫画家。田川水泡に弟子入りし、日本初の女性プロ漫画家となる。代表作に「サザエさん」「いじわるばあさん」など。

◆**半村良**（一九三三－二〇〇二）　小説家。伝奇SF、伝奇ロマンを得意とした。人情小説も書き、「雨やどり」で直木賞受賞。代表作に「石の血脈」「戦国自衛隊」「太陽の世界」など。テレビアニメ「エイトマン」「スーパージェッター」のシナリオも書いた。

◆**久松文雄**（一九四三－）　漫画家。手塚治虫のアシスタントを経て、漫画家に。テレビアニメや特撮のコミカライズを多く手掛ける。テレビアニメでは、「冒険ガボテン島」の原作と漫画が代表作。

◆**平井和正**（一九三八－二〇一五）　小説家、脚本家。漫画「8マン」の原作と、同作のテレビアニメのシナリオを書いた。代表作に「幻魔大戦」「ウルフガイ」「死霊狩り」など。

◆**平田昭吾**（一九三九－）　絵本作家。日活撮影所を経て手塚プロダクションに入社し、手塚治虫のマネージャーとなる。その後、世界の名作や昔話を題材にした「アニメ絵本」を手掛ける。

◆**藤岡豊**（一九二七－一九九六）　プロデューサー。ひとみ座を経て東京ムービーを創設し、手塚治虫原作の「ビッグX」でテレビアニメと関わる。東京ムービーでは「オバケのQ太郎」「巨人の星」「ルパン三世」などを製作。

◆**藤子・F・不二雄**（一九三三－一九九六）　漫画家。本名・藤本弘。トキワ荘グループの一人で、スタジオ・ゼロの結成メンバー。藤子不二雄Ⓐとの共同ペンネーム

「藤子不二雄」でデビューし、「オバケのQ太郎」などを合作。単独作品では「パーマン」「ドラえもん」など。

◆**藤子不二雄Ⓐ**（一九三四-）漫画家。本名・安孫子素雄。トキワ荘グループの一人で、スタジオ・ゼロの結成メンバー。藤子不二雄Aとの共同ペンネーム「藤子不二雄」でデビューし、「オバケのQ太郎」などを合作。単独作品では「怪物くん」「魔太郎がくる!!」「笑ゥせぇるすまん」など。

◆**古谷徹**（一九五三-）声優。中学生で「巨人の星」の星飛雄馬を演じて以降、第一線で活躍。声を務めたキャラクターに「機動戦士ガンダム」のアムロ・レイ、「聖闘士星矢」のペガサス星矢、「ドラゴンボール」のヤムチャなど。

◆**別所孝治**（一九三五-二〇〇六）プロデューサー。フジテレビで「鉄腕アトム」をはじめ、数々のテレビアニメ・特撮を企画・プロデュースした。

◆**星山博之**（一九四四-二〇〇七）脚本家。虫プロで脚本を担当した後、「機動戦士ガンダム」のチーフ・シナリオライターを務めるなど、サンライズの作品を中心に脚本を執筆。

◆**本郷みつる**（一九五九-）アニメーション監督。亜細亜堂に入社し、シンエイ動画制作のアニメに演出として参加。「クレヨンしんちゃん」では初代監督を務める。

◆**ますむらひろし**（一九五二-）漫画家。「アタゴオル」シリーズや、宮澤賢治原作の漫画などを手掛ける。

◆**松浦健郎**（一九二〇-一九八七）脚本家。満州映画協会を経て、東宝で脚本家に。数多くの映画やドラマの脚本を手掛けた。

◆**松本零士**（一九三八-）漫画家。「宇宙戦艦ヤマト」でテレビアニメにかかわり、同作の大ヒットで「宇宙海賊キャプテンハーロック」「銀河鉄道999」などもアニメ化された。他に「戦場まんがシリーズ」「男おいどん」など。

◆**美樹本晴彦**（一九五九-）キャラクターデザイナー。アートランドに所属し、「超時空要塞マクロス」「超時空世紀オーガス」など、数多くのキャラクターデザインを手掛ける。独立後はイラストレーターや漫画家としても活躍。

◆**水木しげる**（一九二二-二〇一五）漫画家。紙芝居や貸本漫画家を経て、メジャー雑誌に進出。妖怪漫画の第一人者となり、テレビアニメになった「ゲゲゲの鬼太郎」が大ヒット。他に「悪魔くん」「河童の三平」「総員玉砕せよ!」など。

◆**宮川泰**（一九三一-二〇〇六）作曲家。ザ・ピーナッツをはじめ、数多くの歌謡曲を手掛けた日本のポップスの草分け的存在。テレビアニメ「宇宙戦艦ヤマト」の音楽も担当し、アニメ音楽を変革した。

◆**宮崎駿**（一九四一-）アニメーション監督。東映動画を経て、「未来少年コナン」「ルパン三世 カリオストロの城」「風の谷のナウシカ」などを監督。八五年にスタジオジブリを設立し、以降の制作基盤としながら数多くの作品を発表。

◆**宮武一貴**（一九四九-）メカニックデザイナー。スタジオぬえに所属し、数多くのSF・ロボットアニメでメカデザインを担当。日本のメカニックデザイナーの草分け的存在。

◆**森康二**（一九二五-一九九二）アニメーター。東映動画設立時のメンバーで、主に原画や作画監督として活躍した。「森やすじ」名義も。

◆**モンキー・パンチ**（一九三七-二〇一九）漫画家。アメコミの影響を受けた独特な画風で知られ、「週刊漫画アクション」の看板作品となった「ルパン三世」が出世作となる。同作はアニメも大ヒットした。

◆**やなせたかし**（一九一九-二〇一三）漫

画家、絵本作家。「手のひらを太陽に」の作詞を手掛けるなど、多岐にわたる活動を行った後、テレビアニメ「アンパンマン」の原作者として知られる。

◆**藪下泰司**（一九〇三 - 一九八六）アニメーション監督。戦後すぐにアニメーションに関わり、「白蛇伝」の監督を務めるなど、指導的立場として戦後アニメーションを牽引。

◆**山賀博之**（一九六二 - ）アニメーション監督。岡田斗司夫らとガイナックスを設立し、代表取締役に。監督作に「王立宇宙軍 オネアミスの翼」など。

◆**山川惣治**（一九〇八 - 一九九二）絵物語作家。戦前に紙芝居作家として活躍し、戦後は絵物語の「少年王者」や「少年ケニヤ」でヒットを飛ばす。「少年ケニヤ」は八四年に角川映画製作でアニメ化。

◆**山本暎一**（一九四〇 - ）アニメーター。おとぎプロに入社した後、虫プロ創設メンバーとなり、テレビアニメの演出や劇場用アニメの監督を務める。「宇宙戦艦ヤマト」にもメインスタッフで参加。

◆**横山光輝**（一九三四 - 二〇〇四）漫画家。SFロボットもの「鉄人28号」、少女向けの「魔法使いサリー」、歴史長編「三国志」など、幅広い分野で活躍。他に「伊賀の影丸」「バビル2世」など。

◆**横山隆一**（一九〇九 - 二〇〇一）漫画家。アニメーション作家。戦前から漫画「フクちゃん」がアニメ化されるなど、人気漫画家であり、戦後には自ら興したおとぎプロダクションでアニメを制作。

◆**吉川惣司**（一九四七 - ）アニメーション監督。虫プロに入社してアニメーターとして活動して以降、数々の作品で演出・脚本・絵コンテなどを担当する。監督作に「ルパン三世 ルパンVS複製人間」「スペースオズの冒険」「星のカービィ」など。

◆**吉田竜夫**（一九三二 - 一九七七）漫画家、竜の子プロダクション創業者。絵物語でデビューし、梶原一騎と組んだ。弟の吉田健二、九里一平と漫画制作プロダクションとして同プロ設立後、「宇宙エース」でテレビアニメ製作に乗り出し、原作者、製作者として多くの作品を世に出す。

◆**吉田健二**（一九三五 - ）プロデューサー。吉田三兄弟の次男で、竜の子プロダクションの二代目社長。

◆**渡邊亮徳**（一九三〇 - 二〇一九）プロデューサー。東映でテレビアニメや特撮、ドラマを企画・制作。東映テレビ事業部本部長として、「仮面ライダー」や「秘密戦隊ゴレンジャー」に関わる。

◆**りんたろう**（一九四一 - ）アニメーション監督。東映動画などを経て、虫プロで「ジャングル大帝」などを手掛ける。その後、劇場用アニメ「銀河鉄道999」「幻魔大戦」「メトロポリス」などを監督。

エイゼンシュテイン、セルゲイ（一八九八 - 一九四八）ソビエト連邦の映画監督。映像表現の基礎となる「モンタージュ理論」を確立。監督した「戦艦ポチョムキン」は映画史上に残る作品。

デュヴィヴィエ、ジュリアン（一八九六 - 一九六七）フランスの映画監督。「モンパルナスの夜」「望郷」「旅路の果て」など映画史に残る名作を監督し、戦前から日本でも人気が高かった。

リンドグレーン、アストリッド（一九〇七 - 二〇〇二）スウェーデンの児童文学作家。「長くつ下のピッピ」「ロッタちゃん」シリーズなどは日本でも人気がある。東京ムービーから「ピッピ」のアニメ化を申し込まれたが、日本にいい印象を持っておらず断った。実現していれば、高畑勲、宮崎駿、小田部羊一らが作るはずだった。

本書に登場するアニメ作品

＊五十音順

テレビ放映アニメ

◆あしたのジョー　一九七〇年四月〜七一年九月／フジテレビ系／制作：虫プロダクション／高森朝雄（梶原一騎）原作、ちばてつや作画によるボクシング漫画の金字塔を、出﨑統監督でアニメ化。続編や再編集劇場版もある。

◆あずきちゃん　一九九五年四月〜九八年三月／NHK衛星第二／制作：マッドハウス／秋元康原作、木村千歌作画の少女漫画をアニメ化。雪室俊一がシリーズ構成を担当し、ほぼ全話の脚本を務めた。

◆アルプスの少女ハイジ　一九七四年一月〜一二月／フジテレビ系／制作：ズイヨー映像／「カルピスまんが劇場」の六作目として制作され、演出を高畑勲、場面設定・画面構成を宮崎駿、キャラクターデザイン・作画監督を小田部羊一が担当。

◆家なき子　一九七七年一〇月〜七八年一〇月／日本テレビ系／制作：東京ムービー新社／フランス児童文学の名作のアニメ化。出﨑統が総監督を務め、同じスタッフで続けて「宝島」が制作された。

◆インスタントヒストリー　一九六一年五月〜六二年二月／フジテレビ系／制作：おとぎプロ／三分間の短編アニメシリーズ。横山隆一が監督し、鈴木伸一が助監督を務めた。「おとぎマンガカレンダー」へと続く。一回数分と短いが、厳密には、「鉄腕アトム」に先駆け、日本初の連続テレビアニメとなる。

◆宇宙エース　一九六五年五月〜六六年四月／フジテレビ系／制作：タツノコプロ／タツノコプロが初めて手掛けたアニメ。

◆宇宙戦艦ヤマト　一九七四年一〇月〜七五年三月／日本テレビ系／制作：オフィス・アカデミー／SFアニメの金字塔的作品。初放映時の視聴率は振るわなかったものの、再編集した劇場版が大ヒットし、アニメ・ブームを牽引。後世の作品に大きく影響を及ぼす。以後も続編、劇場版やOVAが制作されている。

◆海のトリトン　一九七二年四月〜九月／TBS系／制作：アニメーション・スタッフルーム／手塚治虫の漫画を富野喜幸監督でアニメ化。原作とアニメでストーリーが大きく異なる。

◆ウメ星デンカ　一九六九年四月〜九月／TBS系／制作：東京ムービー、スタジオ・ゼロ／藤子アニメとしては四作目。原作は藤子・F・不二雄。後の「ドラえもん」に連なるような作品。

◆うる星やつら　一九八一年一〇月〜八六年三月／フジテレビ系列／制作：スタジオぴえろ、ディーン／高橋留美子の原作を押井守がチーフ・ディレクターとしてアニメ化。劇場版も制作され、二作目までを押井守が監督。

◆エイトマン　一九六三年一一月〜六四年一二月／TBS系／制作：TCJ／平井和正原作、桑田次郎作画のSF漫画をアニメ化（漫画のタイトルは「8マン」）。最初期のテレビアニメシリーズの一つ。

◆**エスパー魔美**　一九八七年四月～八九年一〇月／テレビ朝日系／制作：シンエイ動画／藤子・F・不二雄漫画のアニメ化で、原恵一の初監督作品。

◆**エースをねらえ！**　一九七三年一〇月～七四年三月／NET系／制作：東京ムービー／「スポ根」ものの代表作である山本鈴美香のテニス漫画を、監督・出崎統でアニメ化。後に「新」として続編が、岡崎稔をチーフ・ディレクターとして制作される。

◆**狼少年ケン**　一九六三年一一月～六五年八月／NET系／制作：東映動画／東映動画が初めて制作したテレビアニメ。原作や演出として月岡貞夫が大きくかかわったほか、高畑勲の演出デビュー作ともなった。

◆**おそ松くん**　一九六六年二月～六七年三月／NET系／制作：チルドレンズ・コーナー、スタジオ・ゼロ／赤塚不二夫の漫画を原作としたアニメの一作目。スタジオ・ゼロが初めて本格的にテレビアニメ制作に参加した。

◆**男どアホウ！甲子園**　一九七〇年九月～七一年三月／日本テレビ系／制作：東京テレビ動画／水島新司の出世作となった漫画のアニメ化。「巨人の星」に対して、こちらは阪神タイガースや甲子園が重要な要素となっている。

◆**おはよう！スパンク**　一九八一年三月～八二年五月／テレビ朝日系／制作：東京ムービー／雪室俊一原作、たかなし♥しずえ作画の漫画のアニメ化。監督は吉田しげつぐで、香西隆男が作画監督を担当。

◆**オバケのQ太郎**　一九六五年八月～六七年六月／TBS系／制作：東京ムービー／藤子アニメの一作目。SFもの中心だった当時のアニメの中で初めて日常ギャグを描き、大ブームとなった。大隅正秋や長浜忠夫が演出。「新オバケのQ太郎」やリメイク版もある。

◆**おらぁグズラだど**　一九六七年一〇月～六八年九月／フジテレビ系／制作：タツノコプロ／タツノコプロ制作アニメの第三弾で、初のギャグもの。笹川ひろしの「オンボロ怪獣クズラ」を原作とし、笹川が総監督も務めている。

◆**怪物くん**　一九六八年四月～六九年三月／TBS系／制作：東京ムービー、スタジオ・ゼロ／藤子アニメの三作目。原作は藤子不二雄Ⓐ。大隅正秋が監督。後にリメイク版が制作される。

◆**科学忍者隊ガッチャマン**　一九七二年一〇月～七四年九月／フジテレビ系／制作：タツノコプロ／タツノコプロによる初の変身ヒーローものにして代表作。斬新なビジュアルと重厚なドラマで人気を博し、後のヒーローものに影響を残す。鳥海永行の初監督作品。

◆**家族ロビンソン漂流記　ふしぎな島のフローネ**　一九八一年一月～一二月／フジテレビ系／制作：日本アニメーション／「世界名作劇場」の一作で、スイスの小説「スイスのロビンソン」が原作。監督は黒田昌郎。

◆**元祖天才バカボン**　一九七五年一〇月～七七年九月／日本テレビ系／制作：東京ムービー／赤塚不二夫「天才バカボン」の再アニメ化作品。原作に沿った内容によるアニメ化を志向したため、「元祖」とタイトルが付いている。出﨑統が演出（さきまくら名義）、芝山努が作画監督として参加している。

◆**がんばれ元気**　一九八〇年七月～八一年四月／フジテレビ系／制作：東映動画／小山ゆうによるボクシング漫画のアニメ化。りんたろうを総監督に、雪室俊一が全話の脚本を務めている。

◆**がんばれ！マリンキッド（海底少年マリン）**　一九六六年一〇月～一二月、六九年一〇月～七〇年七月／アメリカへの輸出を意識して制作されたが、途中で打ち切られ、その後、改題のうえ改めて放映された。

◆キテレツ大百科　一九八八年三月～九六年六月／フジテレビ系／制作：スタジオぎゃろっぷ／藤子・F・不二雄の漫画が原作だが、ほとんどがオリジナル・ストーリーで脚本の多くを雪室俊一が務めている。

◆機動戦士ガンダム　一九七九年四月～八〇年一月／テレビ朝日系／制作：日本サンライズ／戦争を題材にしたリアリティあるSFロボットものとして、空前のブームを起こし、総監督の富野喜幸、キャラクターデザインの安彦良和らの出世作となった。その人気から、現在にいたるまでシリーズ展開している。

◆機動戦士ガンダムSEED　二〇〇二年一〇月～〇三年九月／TBS系／制作：サンライズ／「ガンダム」シリーズの一つで、様々な作品やメディアミックス展開がされてきた中でも、特に高く評価される。監督は福田己津央。

◆巨神ゴーグ　一九八四年四月～九月／テレビ東京系／制作：日本サンライズ／原作・監督・キャラクターデザインなどを安彦良和が手掛けたSFロボットアニメ。

◆巨人の星　一九六八年三月～七一年九月／日本テレビ系／制作：東京ムービー／「スポ根」ものの代表作である梶原一騎原作、川崎のぼる作画の野球漫画をアニメ化。監督は長浜忠雄。続編「新・巨人の星」も作られた。

◆くじらのホセフィーナ　一九七九年四月～九月／テレビ東京系／制作：葦プロダクション／スペインの童話を原作としたアニメ。湯山邦彦の初監督作。

◆グレートマジンガー　一九七四年九月～七五年九月／フジテレビ系／制作：東映動画／「マジンガーZ」の続編で、前作から続けて制作・放映された。主に脚本は藤川桂介と高久進が担当。

◆紅三四郎　一九六九年四月～九月／フジテレビ系／制作：タツノコプロ／九里一平を総監督として制作されたアクションもの。九里によるコミカライズと吉田竜夫によるコミカライズとがある。

◆クレヨンしんちゃん　一九九二年四月～現在／テレビ朝日系／制作：シンエイ動画／臼井儀人による漫画のアニメ化。現在まで長く続く国民的アニメとなり、毎年劇場版も公開されている。監督は本郷みつる、原恵一、ムトウユージ。

◆ゲゲゲの鬼太郎　一九六八年一月～六九年三月／フジテレビ系／制作：東映動画／水木しげるによる漫画のアニメ化。妖怪ブームを巻き起こし、何度もリメイクされている。

◆決断　一九七一年四月～九月／日本テレビ系／制作：タツノコプロ／太平洋戦争を描いたノンフィクションドラマで、「アニメンタリー」と称している。

◆ゲッターロボ　一九七四年四月～七五年五月／フジテレビ系／制作：東映動画／永井豪と石川賢を原作とし、制作されたロボットアニメ。様々にメディア展開されている。

◆けろっこデメタン　一九七三年一月～九月／フジテレビ系／制作：タツノコプロ／「みなしごハッチ」に始まったタツノコプロによるメルヘン路線の一作。総監督は笹川ひろし。

◆悟空の大冒険　一九六七年一月～九月／フジテレビ系／制作：虫プロ／手塚治虫の漫画「ぼくのそんごくう」を原作に、杉井ギサブロー監督で、スラップスティック・ギャグアニメとして制作された。

◆子鹿物語　一九八三年一一月～八五

年一月／NHK／制作：エムケイ／アメリカの児童文学の名作をアニメ化。監督はおおすみ正秋で、雪室俊一や吉川惣司らが脚本を担当。

◆**ゴワッパー5ゴーダム**　一九七六年四月～一二月／NET系／制作：タツノコプロ／タツノコプロ初のロボットもので、「合体ロボット」を意識して制作された。

◆**昆虫物語 みなしごハッチ**　七〇年四月～七一年一二月／フジテレビ系／制作：タツノコプロ／タツノコプロ初のメルヘン路線の作品。続編やリメイク版、劇場版も制作された。

◆**サイボーグ009**　一九六八年四月～九月／NET系／制作：東映動画／石ノ森章太郎の代表作のアニメ化。劇場版が公開された後に制作され、続編も作られた。その後も、リメイク版や劇場用アニメが制作されている。

◆**サザエさん**　一九六九年一〇月～現在／フジテレビ系／制作：TCJ（エイケン）／放送期間は五〇年を超え、ギネス世界記録にも認定されている国民的長寿アニメ。長谷川町子による同名四コマ漫画が原作。

◆**サスケ**　一九六八年九月～六九年三月／TBS系／制作：TCJ／白土三平による原作のアニメ化。背景を墨絵調にする工夫など、原作のイメージに沿って制作された。

◆**佐武と市捕物控**　一九六八年一〇月～六九年九月／NET系／制作：虫プロ、スタジオ・ゼロ／石ノ森章太郎による原作のアニメ化。大人向けを意識し、当初は夜二一時から放映された。

◆**ジャングル大帝**　一九六五年一〇月～六六年九月／フジテレビ系／制作：虫プロ／日本国産テレビアニメシリーズ初のカラー作品とされる。手塚治虫の同名漫画が原作で、続けて続編の「新ジャングル大帝 進めレオ！」も制作された。

◆**少年忍者風のフジ丸**　一九六四年六月～六五年八月／NET系／制作：東映動画／白戸三平による「忍者旋風」と「風の石丸」を原作としたアニメだが、途中から完全にオリジナル・ストーリーとなり、クレジットからも「原作」の表記がなくなっている。

◆**新世紀エヴァンゲリオン**　一九九五年一〇月～九六年三月／テレビ東京系／制作：ガイナックス／社会現象的ブームを巻き起こしたSFロボットアニメ。監督の庵野秀明の出世作であり、キャラクターデザインを務めた貞本義行による漫画化など、メディアミックスも多彩に展開され、新たな劇場版シリーズも制作されている。

◆**新造人間キャシャーン**　一九七三年一〇月～七四年六月／フジテレビ系／制作：タツノコプロ／「ガッチャマン」に次いでタツノコプロが制作したSFヒーローアニメ。総監督は笹川ひろしで、後にOVA版や「キャシャーン Sins」なども制作された。

◆**新宝島**　一九六五年一月／フジテレビ系／制作：虫プロ／手塚治虫の出世作となった同題の漫画ではなく、スティーヴンソンの「宝島」が原作。日本のテレビアニメスペシャル第一号であり、単発で一時間放映された。

◆**スーパージェッター**　一九六五年一月～六六年一月／TBS系／制作：TCJ／TBSがオリジナル作品として企画したSFアニメ。脚本として、辻真先、豊田有恒、筒井康隆、眉村卓、半村良ら、後の日本SFのレジェンドたちが参加。

◆**世紀末救世主伝説 北斗の拳**　一九八四年一〇月～八七年三月／フジテレビ系／制作：東映動画／『週刊少年ジャン

プ』連載の武論尊原作、原哲夫作画による大人気漫画のアニメ化。続けて「2」が八八年二月まで放映された。

◆**ゼロテスター**　一九七三年一〇月～七四年一二月／フジテレビ系／制作：創映社／鈴木良武が原作を務めたSFアニメ。高橋良輔の初監督作品。

◆**戦国魔神ゴーショーグン**　一九八一年七月～一二月／テレビ東京系／制作：葦プロダクション／首藤剛志が原作・構成を務め、湯山邦彦が演出として参加したロボットアニメ。後に湯山を監督として、劇場版も制作された。

◆**戦闘メカ　ザブングル**　一九八二年二月～八三年一月／テレビ朝日系／制作：日本サンライズ／富野由悠季と鈴木良武による共同原作のロボットアニメ。富野が総監督を務め、鈴木（五武冬史名義）が脚本にも参加している。

◆**仙人部落**　一九六三年九月～六四年二月／フジテレビ系／制作：TCJ／小島功による四コマ漫画が原作。当初は夜二二時四〇分からの放映で、日本最初の深夜アニメとされる。

◆**蒼穹のファフナー**　二〇〇四年七月～一二月／テレビ東京系／制作：XEBEC／XEBECが原作・制作した壮大なオリジナルSFアニメ。続編シリーズやスペシャル版、劇場版も制作されたほか、さまざまなメディアミックス展開がなされる。

◆**装甲騎兵ボトムズ**　一九八三年四月～八四年三月／テレビ東京系／制作：日本サンライズ／高橋良輔が原作・監督を務めたロボットアニメ。OVA版・小説・漫画など、多岐にわたって制作されている。

◆**それいけ！アンパンマン**　一九八八年一〇月～現在／日本テレビ系／制作：東京ムービー新社（トムス・エンタテインメント）／やなせたかしによる絵本を原作としたアニメ。長寿番組となり、アンパンマンは子どもから絶大な人気を誇る国民的キャラクターとなった。

◆**タイガーマスク**　一九六九年一〇月～七一年九月／日本テレビ系／制作：東映動画／梶原一騎原作、辻なおき作画によるプロレス漫画のアニメ化。原作とはストーリー展開が異なる。

◆**タイムボカン**　一九七五年一〇月～七六年一二月／フジテレビ系列／制作：タツノコプロ／笹川ひろしが総監督を務めたギャグ要素の強いSFアニメ。「ヤッターマン」「ゼンダマン」など、シリーズとなって以降も定着した。

◆**太陽の牙ダグラム**　一九八一年一〇月～八三年三月／テレビ東京系／制作：日本サンライズ／高橋良輔が原作（星山博之と共同）・監督（神田武幸と共同）を務めたロボットアニメ。

◆**宝島**　一九七八年一〇月～七九年四月／日本テレビ系／制作：東京ムービー新社／「家なき子」に続いて制作されたスティーヴンソン原作のアニメ。出﨑統が監督を務める。

◆**タッチ**　一九八五年三月～八七年三月／フジテレビ系／制作：グループ・タック／『週刊少年サンデー』連載のあだち充による人気野球漫画のアニメ化。同じあだち原作のスペシャルアニメ「ナイン」を手掛けた杉井ギサブローが監督。

◆**ちびまる子ちゃん**　一九九〇年一月～九二年九月、九五年一月～現在／フジテレビ系／制作：日本アニメーション／さくらももこによる漫画のアニメ化。一度放映が終了した後、制作が再開され、現在まで続く長寿アニメとなる。一期目の監督を芝山努が務めている。

◆**超時空要塞マクロス**　一九八二年一〇月～八三年六月／TBS系／制作：タツノコプロ／原作にスタジオぬえ、原作協力としてアートランドが名を連ね、両者が主導して制作されたロボットアニメ。河森正治、美樹本晴彦、大野木寛といった若手スタッフが参加したことで知られ、以降も続編や外伝が制作される。

◆超電磁ロボ コン・バトラーV 一九七六年四月～七七年五月、NET（テレビ朝日）系、制作：サンライズ／長浜忠夫が総監督を務めたロボットアニメ。以降、「長浜ロマンロボシリーズ」と称されるロボットアニメが制作される。

◆鉄人28号 一九六三年一〇月～六五年一一月／フジテレビ系／制作：TCJ／横山光輝による漫画のアニメ化。最初期のテレビアニメシリーズの一つ。以降も、たびたびリメイクされている。

◆鉄腕アトム 一九六三年一月～六六年一二月／フジテレビ系／制作：虫プロ／国産連続テレビアニメ第一号として名高い。手塚治虫によるSF漫画のアニメ化。

◆デビルマン 一九七二年七月～七三年三月／NET系／制作：東映動画／永井豪を原作として制作されたヒーローアニメ。辻真先がメインで脚本を務めており、永井豪が同時期に描いた漫画とはストーリーが大きく異なる。

◆天才バカボン 一九七一年九月～七二年六月／日本テレビ系／制作：東京ムービー／赤塚不二夫によるギャグ漫画のアニメ化。原作から改変された要素が多く、「元祖天才バカボン」の制作につながっていく。作画監督として芝山努が参加している。

◆電脳コイル 二〇〇七年五月～一二月／NHK教育／制作：マッドハウス／磯光雄原作・監督・脚本によるSFアニメ。

◆ど根性ガエル 一九七二年一〇月～七四年九月／TBS系／制作：東京ムービー／吉沢やすみによるギャグ漫画のアニメ化。小林おさむと芝山努が作画監督を務め、後に芝山をチーフ・ディレクターとして「新・ど根性ガエル」も制作された。

◆Dr.スランプ アラレちゃん 一九八一年四月～八六年二月／フジテレビ系／制作：東映動画／鳥山明によるギャグ漫画のアニメ化。岡崎稔がチーフ・ディレクターを務め、主人公・則巻アラレの言葉が流行語になるなど人気となった。

◆ドラえもん 一九七九年四月～現在／テレビ朝日系／制作：シンエイ動画／藤子・F・不二雄による漫画のアニメ化。七三年に日本テレビ系で放映された後、新たに制作され、国民的アニメとなった。芝山努が長くチーフ・ディレクターを務め、〇五年四月からはスタッフ、キャストを一新してリニューアルされた。

◆ドラゴンボール 一九八六年二月～八九年四月／フジテレビ系／制作：東映動画／『週刊少年ジャンプ』連載の鳥山明による漫画のアニメ化。シリーズ・ディレクターを岡崎稔と西尾大介が務め、「Z」「GT」へと続く人気作となった。

◆どろろ 一九六九年四月～九月／フジテレビ系列／制作：虫プロ／手塚治虫による漫画のアニメ化。杉井ギサブローが監督を務めたが、途中での路線変更によって降板し、原作とは異なるストーリーとなった。

◆忍たま乱太郎 一九九三年四月～九四年三月（NHK）、九四年一〇月～現在（NHK Eテレ）／制作：亜細亜堂／尼子騒兵衛によるギャグ漫画「落第忍者乱太郎」を原作としたアニメ。芝山努が長く総監督を務め、長寿アニメに。

◆忍風カムイ外伝 一九六九年四月～九月／フジテレビ系／制作：TCJ／白土三平の忍者漫画「カムイ外伝」のアニメ化。青年層を狙って作られた最初のアニメ。

◆ノエイン もうひとりの君へ 二〇〇五年一〇月～〇六年三月／テレビ愛知、CS放送など／制作：サテライト／赤根和樹が原作・監督・脚本を務めたSFアニメ。

◆鋼の錬金術師 二〇〇三年一〇月～〇四年一〇月／TBS系／制作：ボンズ／荒川弘によるファンタジー漫画を原作にしたアニメだが、設定以外はオリジナル・ストーリーとなっている。監督は水島精二。後に劇場版や原作に準拠した再アニメ版も制作された。

◆白鯨伝説 一九九七年四月～一〇月、九九年三月～五月／NHK衛星第二／制作：スタジオジュニオ、あんなぷる／メルヴィルの小説「白鯨」を基に、出﨑統と杉野昭夫が原作を担当し制作された。出﨑が監督も務める。

◆はじめ人間ギャートルズ 一九七四年一〇月～七六年三月／TBS系／制作：東京ムービー／園山俊二のギャグ漫画「ギャートルズ」のアニメ化。香西隆男が作画監督、出﨑統（さきまくら名義）や岡崎稔らが演出として参加。

◆パーマン 一九六七年四月～六八年四月／TBS系／制作：東京ムービー、スタジオ・ゼロ／藤子アニメの二作目で、原作は藤子・F・不二雄。鈴木伸一が作画監督を務める。後にカラーでリメイクされる。

◆ハリスの旋風 一九六六年五月～六七年八月／フジテレビ系／制作：ピー・プロ／ちばてつやによる漫画のアニメ化。藤川桂介や雪室俊一が脚本として参加している。後にカラーで「国松さまのお通りだい」の題でリメイクされる。

◆ビッグX 一九六四年八月～六五年九月／TBS系／制作：東京ムービー／東京ムービーが初めて制作したアニメ。手塚治虫のSF漫画が原作。

◆ひみつのアッコちゃん 一九六九年一月～七〇年一〇月／NET系／制作：東映動画／「魔法使いサリー」に続けて制作された魔法少女もので、赤塚不二夫の少女漫画が原作。雪室俊一がメインの脚本家として参加している。

◆ふしぎなメルモ 一九七一年一〇月～七二年三月／TBS系／制作：手塚プロ／手塚プロダクションとして初めて制作されたアニメ。性教育を意図した手塚治虫の漫画を原作に、永樹凡人がチーフ・ディレクターを務めた。

◆フランダースの犬 一九七五年一月～一二月／フジテレビ系／制作：日本アニメーション／「世界名作劇場」の一作で、イギリスの同名小説が原作。監督は黒田昌郎。

◆ベルサイユのばら 一九七九年一〇月～八〇年九月／日本テレビ系／制作：東京ムービー新社／フランス革命を題材にした池田理代子の漫画をアニメ化。当初の監督は長浜忠夫で、途中から出﨑統。

◆ポケットモンスター 一九九七年四月～現在／テレビ東京系／制作：OLM／ゲームフリークが開発したゲームを基にしたアニメ。ゲームシリーズに合わせてアニメも制作され続け、「サン&ムーン」編まで湯山邦彦が総監督を務め続けた。劇場版も毎年公開されている。

◆まじめにふまじめ かいけつゾロリ 二〇〇五年二月～〇七年一月／テレビ朝日系／制作：サンライズ、亜細亜堂／原ゆたかによる児童書を原作としたアニメで、「かいけつゾロリ」の続編。アニメオリジナルとなった二期から、芝山努が総監督を務める。

◆魔女っ子メグちゃん 一九七四年四月～七五年九月／NET系／制作：東映動画／東映の魔法少女ものの一つで、虫プロ出身者による「ひろみプロダクション」が原作を担当。芹川有吾や岡崎稔らが演出、辻真先や雪室俊一らが脚本として参加している。

◆**マジンガーZ**　一九七二年一二月〜七四年九月／フジテレビ系／制作：東映動画／永井豪を原作として制作されたロボットアニメ。人型ロボットに人間が搭乗して操作する初めての作品とされ、後のロボットものに大きく影響を与える。藤川桂介や高久進が脚本を務めている。

◆**マッハGoGoGo**　一九六七年四月〜六八年三月／フジテレビ系／制作：タツノコプロ／吉田竜夫による漫画「パイロットA」を原作としたカーレースアニメ。アメリカでも「Speed Racer」の題で放映された。後にリメイクも。

◆**魔法使いサリー**　一九六六年一二月〜六八年一二月／NET系／制作：東映動画／横山光輝の少女漫画が原作で、日本初の少女向けアニメ。この成功から、東映では魔法少女ものが断続的に制作されるようになる。後にリメイクも。

◆**魔法のプリンセス ミンキーモモ**　一九八二年三月〜八三年五月、九一年一〇月〜九二年一二月／テレビ東京系／制作：葦プロダクション／湯山邦彦が総監督、首藤剛志が原案・シリーズ構成を務めた魔法少女ものアニメ。期間を経て、第二期も放映された。

◆**まんが日本昔ばなし**　一九七五年一月〜三月（NET系列）、七六年一月〜九四年九月（TBS系列）／制作：グループ・タック／川内康範を監修に、昔話に題材を取ったアニメ。市原悦子と常田富士男の二人が声を担当し、長きにわたって制作された。

◆**未来少年コナン**　一九七八年四月〜一〇月／NHK／制作：日本アニメーション／アレグザンダー・ケイ「残された人びと」を原作にしたSF冒険アニメ。宮崎駿が監督・ストーリー構成などを務め、大塚康生が作画監督を担当。

◆**蟲師**　二〇〇五年一〇月〜〇六年三月／フジテレビ系／制作：アートランド／漆原友紀によるファンタジー漫画のアニメ化。後に特別版と続編も制作された。監督は長濱博史。

◆**無敵鋼人ダイターン3**　一九七八年六月〜七九年三月／テレビ朝日系／制作：日本サンライズ／日本サンライズのオリジナル企画作品の第二弾。富野喜幸が総監督を務めた。

◆**無敵超人ザンボット3**　一九七七年一〇月〜七八年三月／テレビ朝日系／制作：日本サンライズ／日本サンライズのオリジナル企画作品の第一弾。富野喜幸が総監督を務めた。

◆**ムーミン**　一九六九年一〇月〜七〇年一二月、（新）七二年一月〜一二月／フジテレビ系列／制作：東京ムービー、虫プロ／「カルピスまんが劇場」の二作目として制作され、大隅正秋が演出、大塚康生がキャラクターデザイン・作画監督を担当したが、途中から制作が虫プロに。その後もリメイクされた。

◆**ヤッターマン**　一九七七年一月〜七九年一月／フジテレビ系／制作：タツノコプロ／「タイムボカン」シリーズとしては二作目となるSFギャグアニメ。監督は笹川ひろし。

◆**山ねずみロッキーチャック**　一九七三年一月〜一二月／フジテレビ系／制作：ズイヨー映像／アメリカのソーントン・バージェスによる絵本シリーズ「バージェス・アニマル・ブックス」を原作に、「カルピスまんが劇場」の五作目として制作された。

◆**勇者ライディーン**　一九七五年四月〜七六年三月／NET系／制作：創英社／創映社による初のロボットアニメで、鈴木良武が原作、安彦良和がキャラクターデザインを務めた。監督は途中まで富野喜幸が務め、長浜忠雄が引き継いだ。

◆遊星少年パピイ　一九六五年六月〜六六年五月／フジテレビ系／TCJ／SFアニメで、原作の吉倉正一郎は、日影丈吉、大倉正兎、山村正夫、加納一朗、双葉十三郎の共同ペンネーム。

◆雪の女王　二〇〇五年五月〜〇六年二月／NHK／制作：トムス・エンタテインメント／アンデルセン童話を基にしたアニメで、出﨑統が監督を務める。

◆ラ・セーヌの星　一九七五年四月〜一二月／フジテレビ系／制作：創映社、ユニマックス／金子満のエムケイが原作を担当したフランス革命を題材にしたアニメ。大隅正秋が総監督を、途中から富野喜幸が監督を務めた。

◆リボンの騎士　一九六七年四月〜六八年四月／フジテレビ系／制作：虫プロ／手塚治虫による少女漫画のアニメ化。日本の少女向けアニメとしては、「魔法使いサリー」に次ぐ作品。

◆ルパン三世　一九七一年一〇月〜七二年三月／日本テレビ系／制作：東京ムービー／モンキー・パンチによる漫画のアニメ化。大塚康生が作画監督を務め、当初は演出を大隅正秋が、途中からは宮崎駿と高畑勲が担当した。視聴率が低迷したものの、再放送で人気が高まったことから、後に続編や劇場版が多数制作された。

◆レインボー戦隊ロビン　一九六六年四月〜六七年三月／NET系／制作：東映動画／スタジオ・ゼロが原作を担当し、制作にも参加している。戦隊ヒーローものSFアニメ。

◆六神合体ゴッドマーズ　一九八一年一〇月〜八二年一二月／日本テレビ系／制作：東京ムービー新社／横山光輝による漫画「マーズ」を原作としたロボットアニメ。合体ロボットを志向しており、原作とは内容が大きく異なる。シリーズ構成・脚本を藤川桂介が担当している。

◆W3　一九六五年六月〜六六年六月／フジテレビ系／制作：虫プロ／アニメの企画が決まってから漫画の連載を始める形で制作。アニメも手塚自ら総監督を務めた。漫画の連載は『週刊少年マガジン』で始まったが、『週刊少年サンデー』に移るという漫画史上に残る事件が起きたことでも知られる。

劇場用アニメ

◆あらしのよるに　二〇〇五年一二月公開／制作：グループ・タック／きむらゆういちによる絵本シリーズのアニメ化で、杉井ギサブローが監督・脚本を務めた。後にテレビアニメにも。

◆アラビアンナイト シンドバッドの冒険　一九六二年六月公開／制作：東映動画／手塚治虫と小説家の北杜夫が脚本を担当。同タイトルのテレビアニメシリーズも存在するが、まったく別の作品。

◆ある街角の物語　一九六二年一一月公開／制作：虫プロ／虫プロダクションの第一作。カラー、四三分の実験アニメ。原案や構成は手塚治虫。

◆おとぎの世界旅行　一九六二年八月公開／制作：おとぎプロ／おとぎプロダクションによる劇場公開三作目。七本の短編からなるオムニバス作品で、監督は横山隆一。

◆風の谷のナウシカ　一九八四年三月公開／制作：トップクラフト／製作を高畑勲、原作・脚本・監督を宮崎駿が務め、後のスタジオジブリ設立にいたる記念碑的作品。

◆河童のクゥと夏休み　二〇〇七年七月公開／制作：シンエイ動画／木暮正夫の児童文学を原作としたアニメ。監督・脚本は原恵一で、シンエイ動画の初オリジナル劇場作品。

◆ガリバーの宇宙旅行　一九六五年三月公開／制作：東映動画／SFファンタジーアニメで、黒田昌郎が演出を担当し、主人公・テッドの声を坂本九が務めている。

◆ガンドレス　一九九九年三月公開／制作：「ガンドレス」製作委員会／天沢彰による小説のアニメ化。公開日に間に合わず、未完成の状態での上映となった。

◆銀河鉄道の夜　一九八五年七月公開／制作：グループ・タック／宮澤賢治による童話を漫画化した、ますむらひろしの作品を基にしたアニメ。監督は杉井ギサブロー。

◆グスコーブドリの伝記　二〇一二年七月公開／制作：手塚プロ／宮澤賢治による童話を漫画化した、ますむらひろしの作品を基にしたアニメ。監督・脚本は杉井ギサブロー

◆西遊記　一九六〇年八月公開／制作：東映動画／手塚治虫の「ぼくの孫悟空」を原案とし、手塚自ら構成・演出に携わった東映動画の劇場用長編アニメ第三作。

◆ジャックと豆の木　一九七四年七月公開／制作：グループタック／イギリスの民話を基にしたミュージカルアニメ。監督は杉井ギサブロー。

◆じゃりン子チエ　一九八一年四月公開／制作：テレコム・アニメーションフィルム／はるき悦巳による漫画が原作で、高畑勲が監督、小田部羊一と大塚康生が作画監督。

◆少年猿飛佐助　一九五九年一二月公開／制作：東映動画／東映動画の劇場用長編アニメ第二作。檀一雄の小説が原作で、藪下泰司が演出。

◆新・天地創造　一九七〇年／月岡貞夫が自主制作した六〇秒の短編アニメーション。

◆千夜一夜物語　一九六九年六月公開／制作：虫プロ／「アニメラマ」と称した大人向けを意識したアニメで、手塚治虫が原案・脚本・構成、監督は山本暎一。

◆空飛ぶゆうれい船　一九六九年七月公開／制作：東映動画／石ノ森章太郎の漫画を原作に、池田宏が監督・脚本、辻真先が共同脚本、小田部羊一が作画監督として参加。

◆タイコンデロンガのいる海　一九九一年製作／制作：アーバン・プロダクト／田中資二と川北亮司による童話を原作とした教育用アニメで、香西隆男が作画監督を務める。

◆太陽の王子　ホルスの大冒険　一九六八年七月公開／制作：東映動画／アイヌ伝承を基にした深沢一夫の戯曲を、深沢の脚本でアニメ化。高畑勲の初監督作品で、作画監督は大塚康生。

◆東京ゴッドファーザーズ　二〇〇三年一一月公開／制作：マッドハウス／今敏監督による三作目で、ハリウッド映画「三人の名付親」から着想を得たオリジナルアニメ。

◆時をかける少女　二〇〇六年七月公開／制作：マッドハウス／筒井康隆の小説を原作に、オリジナルストーリーを描いたSFアニメ。細田守が監督、奥寺佐渡子が脚本。

◆ねずみのよめいり　一九六一年製作／制作：東映動画／東映動画社内での教育目的で製作された短編アニメ。

◆白蛇伝　一九五八年一〇月公開／制作：東映動画／東映動画による初めての劇場用長編アニメ。日本初のカラー長編アニメでもあり、監督・脚本は藪下泰司。